회장선거
수업

회장선거 수업

초판1쇄 인쇄 2021년 10월 14일

초판1쇄 발행 2021년 10월 20일

지은이 채진석

디자인 김두리

펴낸곳 도서출판 험이열

주소 대구광역시 동구 팔공로 34길1-7

전화 010-5486-2496   **팩스** 053-262-2496

이메일 raining2002@naver.com

ISBN 979-11-967247-2-6

회장선거 수업

당신이 걷는

모든 길은

연설문이 될 것입니다

회장선거 수업

학교 선거에 출마하고자 하는 친구들이 연설문을 어떻게 써야 하는지, 발표는 어떻게 해야 하는지 많이 힘들어한다. 이 책은 그러한 친구들을 위해 작성되었다. 제목은 회장선거 수업이라고 되어 있지만 부반장선거나 전교 부회장 선거에 출마하는 학생 역시 포함된다. 또한 연설문은 초등학생이 알아들을 수 있을 정도로 쉽게 써야 하기 때문에 성인들의 선거에서도 유효하다.

본 내용을 하루 만에 다 읽을 수는 있어도 체득하는데 까지는 상당한 시간이 소요될 수 있다. 특히 발표력과 원고 집필 능력은 수년에 걸쳐서 준비해야 무르익는다.

그러한 인고의 과정을 거치고 나면 선거뿐만 아니라 자기소개서, 5분 스피치, 강연 등 말하기 및 글쓰기와 연관된 모든 것들에 대해 능숙해져 있을 것이다. 왜냐하면 선거 연설은 상대를 설득해서 표를 이끌고 와야 하는 전제가 있다. 그렇기에 보통의 말하기 수준을 넘어 서기 때문이다.

 뿐만 아니라 사회생활에서도 상당한 자신감을 줄 수 있다. 늘 말하기와 글쓰기가 일상인 삶 속에서 남들에 비해 숙련되었다는 것은 날개로 작용한다. 성인이 되어서도 상사에게 표현을 잘 못해서 고통받거나 발표를 못해서 힘들어하는 사람들이 많다. 하지만 미리 많은 훈련을 하게 되었을 때 당신은 누군가를 상담해주거나 지도해줄 수 있는 위치에 서게 될 것이다.

 학교 선거라는 과정과 이 책이 그러한 삶을 살아가는 데 마중물이 되었으면 좋겠다.

 초등학교 시절 남앞에 서면 벌벌 떨던 아이였다. 긴장되어서 아무 말 하지 못하고 펑펑 눈물을 쏟으며 들어오는 아이였다. 그런 나를 매일 저녁마다 훈련시켜서 변화를 가져다주신 분은 바로 어머니셨다. 안타깝게도 어머니께서는 내가 대학시절 하늘나라로 가셨다. 지금의 나는 중앙선거관리위원회의 초빙교수로 활동 중이다. 주로 토론 특강, 리더십 특강, 교원연수 특강을 하고 있다. 또한 학교폭력예방, 인성교육 분야에는 전국구 강사로 활동 중이다. 수많은 학교와 기관을 찾아가고 수많은 사람을 만난다. 남 앞에 서는 게 직업이 될 것이라고는 그때는 생각조차 못했을 일이다.

 이 책을 어머니께 헌정한다. 더불어 아버지와 할머니, 외삼촌과 이모들에게 깊은 감사의 마음을 전해드린다.

성인이 되어서도 말하기와 글쓰기 및 삶에 큰 영향력을 주신 분들이 계신다. 한국코미디계의 대부 김웅래 교수님, 슈퍼스타강사 신상훈 교수님, 바다가 보이는 교실의 시인 정일근 교수님, 모교의 우성주 선생님, 박래원 선생님 및 나의 모든 담임선생님들께 이 저서를 통해 감사의 마음을 전해 드린다.

2021년 9월 20일
당신의 스피치 라이터 채진석

머리말 '회장선거 수업'

1교시
당선을 응원합니다

나는 할 수 있다 (I can do it!) ● 21

내성적인 아이, 소심한 아이 바뀔 수 있다 ● 23

뭐?! 옆집 아들이 반장이 되었다고!!! ● 25

미약하지만 실력은 진보한다 ● 28

결과보다는 과정을 ● 30

선생님 설득하기 ● 33

반장선거 VS 전교 회장 선거 ● 37

선거에 나가면 좋은 점 ● 40

리더가 되어야 하는 이유 ● 43

2교시
선거 준비

선거 준비 기간 ● 47

공약! 지킬 수 있을지 애매할 때는? ● 50

공약 모음 ● 52

유명 연예인 초청 강연 섭외 공약! 가능할까? ● 56

소품 (도구, 의상) ● 59

선거벽보 제작 꿀팁 ● 64

추천서 받기는 기회다! ● 66

긴장감 덜어내는 방법 ● 69

연설문, 연설력 보다 중요한 것 ● 72

유권자에게 친근하게 다가가는 방법 ● 74

리더의 역경은 존경이 된다 ● 77

3교시 연설문

연설문의 길이와 분량 ● 81

원고는 읽기 편하게 ● 85

웃기는 연설문 작성법 ● 88

이름 개그 연설문 작성법 ● 96

삼행시 잘 짓는 법 ● 107

비유를 통한 연설문 작성법 ● 112

경험을 통한 연설문 작성법 ● 115

학생회장 당선 연설문 분석 ● 119

신박한 연설문 만드는 법 ● 124

명언을 활용한 연설문 ● 127

명언 모음 ● 130

감동적인 연설문 작성법 ● 133

연설문의 소재 찾는 법 ● 136

장점, 단점을 통한 연설문 작성법 ● 138

피해야 할 연설문 ● 142

당선 수락 연설문 작성법 ● 145

찬조 연설문 ● 147

연설문 지도 1 (슈퍼스타) ● 152

연설문 지도 2 (삼겹살) ● 155

연설문 지도 3 (쿠팡맨) ● 158

연설문 지도 4 (펭수) ● 161

연설문 지도 5 (카트라이더) ● 163

연설문 지도 6 (찌질이의 역습) ● 167

연설문 지도 7 (다문화 학생) ● 171

연설문 지도 8 (역경 극복) ● 175

4교시
연설력

끊어 읽기 ● 181

청중들을 보아라 ● 184

연설 원고 암기 비법 1 ● 188

연설 원고 암기 비법 2 ● 190

방송실 연설 꿀 팁! ● 193

목소리 키우는 법 ● 195

말에도 음악성이 있다 ● 198

연설에 감정 표현하기 ● 200

좋은 목소리 갖는 법 ● 203

발음이 잘 안되는 부분 ● 206

자신감 키우는 방법 ● 209

토론 잘하는 법 ● 212

5교시
선거 전략

선거에서 잘 당선되는 유형 ● 221

비난은 유머로 받아쳐라 ● 223

불리한 상황을 뒤집는 방법 ● 226

선거 임박했을 때, 원고 수정 ● 229

선거 출마! 미리 이야기하는 게 좋을까? ● 231

득표율 높이는 비법! ● 234

단일화의 변수 ● 237

불필요한 적을 만들지 마라 ● 239

때론 낙선도 전략이 된다 ● 242

친구들과 빨리 친해지는 법! ● 245

친구들의 마음을 끌어당기는 법 ● 247

이성에게 다가갈 때 지켜야 할 매너 ● 249

많이 도전하라 ● 251

6교시
질문과 답변

다른 학부모가 학교에 지원을 많이 해요 ● 255

학부모! 어떻게 도와주는 게 좋을까요? ● 257

당선되면 돈 많이 내어야 하나요? ● 260

공부 못하는데 선거에 나가도 될까요? ● 262

인기가 없는데 선거에 나가도 될까요? ● 265

부반장인데 인기가 떨어졌어요 ● 267

부끄러워서 얼굴이 빨개져요 ● 269

멘탈 강해지는 법 ● 271

몰표 받는 방법 ● 275

부반장선거, 전교부회장선거는 어떻게 원고를 써요? ● 277

학교를 잘 이끌고 가는 방법 ● 278

맺음말

나는 할 수 있다
(I can do it!)

25년 전 초등학교 때 웅변학원에 가면 가장 먼저 배웠던 게 있다. "나는 할 수 있다!", "나는 자신 있다!" 하고 크게 외치는 것이었다. 있는 힘껏 외친다. 젖 먹던 힘까지 다해 소리친다.

"나는 할 수 있다!!! 나는 자신 있다!!!"

그때 당시에는 학원에서 가르쳐주니 따라 했을 뿐이었다. 그러나 시간이 지난 지금 그 문구는 다시 평가된다. 어린아이의 무의식 속에 큰 자신감을 불어넣어 준 것이다.

실제로 나는 비교적 자신감 있는 사람으로 살아온 듯하다. 역경과 어려움이 찾아와도 마음속에서는 뚫고 나갈 수 있는 힘이 있었다. "할 수 있어!"
 어렸을 때 경험은 평생 간다. 누군가로부터 받았던 상처, 고마움 잊고 지낸 듯해도 자신에게 뿌리내려 큰 영향이 되어있다.

 이 책을 읽고 있는 독자에게 가장 먼저 전해주고 싶다. "당신은 할 수 있다."라고.

 지금 크게 외쳐보길 권한다.

 "나는 할 수 있다!!! 나는 자신 있다!!!"

내성적인 아이, 소심한 아이 바뀔 수 있다

남 앞에 서면 아무 말 못하고 벌벌 떠는 아이, 엉엉 울기만 하는 아이가 있다. 그게 바로 나였다. 초등학교 1학년 때 학부모 수업 참관 날이었다. 어머니는 교실 뒤에서 지켜보고 계셨다. 다른 학생들은 모두 발표를 잘하는데 나 혼자만 삐죽 서서 아무 말 못하고 있었다. 친구들과 어깨동무를 하는 시간에도 어울리지 못했다.

 어머니는 충격을 받으셨다. 그리고 생각하셨다. "우리 아이는 이렇게 키워서 안 돼!"

 이후 어머니는 나의 말하기 스승이 되었다. 조그마한 선물 가게를 운영하셨는데 손님이 붐비는 시간에도 주어진 연습을 다하지 못하면 셔터 문을 닫고 가르치셨다.

웅변학원, 동화구연학원 잘한다는 곳을 찾아 다녔고 대회라는 대회는 다 내보냈다. 학기마다 있었던 반장 선거에는 한 번도 빠지지 않고 다 출마시켰다.

하지만 선거에서는 쭉~ 떨어졌다. 정확하게 말하면 2학년 1학기 때 한 번 부회장에 당선되고 이후 초등학교 선거에서는 다 떨어졌다.

지금은 어렸을 때의 성격과 전혀 다른 삶을 살고 있다.

나의 직업은 강사다. 국가기관 및 기업에서 공무원과 임직원을 대상으로 특강한다. 전국을 다니며 초. 중. 고등학교에서 전교생을 대상으로 특강한다. 교육청에서 교장선생님을 대상으로 강연하기도 했다.

본인이 내성적이라고 생각한다면, 소심하다고 걱정된다면 이 이야기를 꼭 전해주고 싶다.

바뀔 수 있다.

뭐?! 옆집 아들이
반장이 되었다고!!!

　　　　　　초등학교 5학년 때 일이다. 옆집은 구두가게를 했었는데 그 집 아들은 나보다 2살이 어렸다. 어느 날 학교 마치고 집에 돌아왔는데 그 아이가 반장이 되었다는 것이다. 어머니는 그 소리를 듣자마자 상당한 질투심에 불타셨다. 그리고 나에게 물으셨다. "진석아 너희 전교 부회장 선거 언제니?" 나는 대답했다. "어?! 오늘인데요! 한 30분쯤 뒤에 시작해요."

　어머니는 그 소리를 듣자마자 내 손목을 잡고 달리셨다. 담임선생님을 찾아갔다. 곤란하다는 입장이셨다. 후보 등록기간이 지났기 때문이다. 그래도 사정에 사정을 하셨다. 결국 담임선생님은 교장, 교감선생님을 찾아가 보라고 하셨다.

어머니는 다시 달리셨다.

교장, 교감선생님은 한참을 고민 후 후보 등록을 허락해주셨다. 평소 학교 학부모회 활동을 많이 하셨던 어머니의 부탁을 쉽게 거절하는 것도 어려우셨을 것이다.

어머니는 다시 달리셨다. 전교 임원 선거가 한창인 교실로! 각반의 반장 부반장이 모여 투표하는 간접선거였다. 이미 선거는 진행되고 있는 중이었다. 나는 가장 마지막 기호인 5번을 받아들고 어머니와 함께 가장 뒤에 앉아 다른 후보들의 연설을 듣고 있었다.

경쟁자들이 너무 잘했다! 어떤 학생은 자신의 별명인 문어를 이용해서 문어발로 열심히 하겠다는 말에 다 웃어 뒤집어지고 인기가 치솟았다.

그리고 내 차례가 되었다.

그런데 아차! 아무것도 준비하지 않고 온 것이다. 선거에 출마하려면 기본적으로 연설문, 공약은 물론 사전 연습까지 충분히 하고 왔어야 하는데 그냥 달린 것이다.

거기서 나는 이렇게 말했다. "우리 엄마가 시켜서 억~~지로 나왔어요."

바람이 휭~ 부는 듯했다.

결과는 세 표. 한 표는 나의 표였고 두 표는 어머니가 뒤에 앉아서 제발 찍어달라고 옆에 앉은 학생에게 부탁한 것이었다.

 참담한 패배였다.

 돌아오는 길 어머니와 나는 어깨가 축 처진 채로 느리게 걸어왔다. 서로 아무 말이 없었다.
내가 먼저 말을 꺼냈다. "엄마... 나 통닭"

 그 사건은 우리 가족 생애 최악의 흑 역사가 되었다. 시간이 한참 지나도 어머니는 그때 일만 떠올리면 부끄럽다 하셨다.

 "내가 그때는 미쳤지...", "내가 그때는 잠깐 돌았나 보다." 어머니는 늘 그렇게 말씀하셨다.

 내 나이 20대 후반에 어머니는 세상을 떠나셨다. 한때 그 기억이 부끄러웠다면 지금은 어머니와 함께한 소중한 추억이다.

* 직접선거 : 전교생이 유권자로 투표함
* 간접선거 : 각 반에서 선출된 임원이 투표함

미약하지만
실력은 진보한다

나의 경험을 바탕으로 집필된 도서 '진정한 용기'를 읽어보면 왕따를 당하던 학생이 어느 날 갑자기 학생회장이 된 것으로 비칠 수 있다. 그렇지 않다. 고3 때 학생회장에 당선되기 전 이미 초등학교 선거에서만 10번 이상 낙선 경험을 가졌다.

고등학생이 되자 성격에 변화가 생겼다. 더 이상 소극적이고 내성적이지 않았다. 선생님이 뭔가를 시키시면 "제가 하겠습니다!" 하고 가장 먼저 나섰다.

초등학교 때에는 대부분이 나서는 가운데 홀로 나서지 않았다. 고등학교 때에는 대부분이 나서지 않는데 홀로 나선 것이다.

이런 이유로 자연스레 왕따가 되었다. 더욱이 일진들의 눈에 띄게 되었다. 학교생활은 점점 어려워져만 갔다. 쉬는 시간 선생님이 교실을 떠나시면 머리채를 잡혀서 끌려다니거나 폭행을 당하기 일쑤였다. 그런 와중 가장 먼저 나에게 손을 내밀어 주었던 친구가 학교폭력으로 자퇴하게 된다. 핵심적인 가해학생은 부회장이었다. 여론은 철저히 힘 있는 자를 위주로 돌아갔다.

 집에 돌아와 멍이 들어있는 나의 몸을 남몰래 보며 반장이 되어야 할 이유, 학생회장이 되어야 할 이유를 거기서 찾게 된다.

 이제는 누군가 시켜서가 아니라 스스로 출마를 결심하게 되었다. 그렇게 결심하게 되기까지는 수많은 도전과 실패의 경험이 뿌리가 되었다. 선거 출마 경험이 전혀 없었던 상황이라면 그런 용기조차 내보기 어려웠을 것이다.

 이후 나는 다음 해 선거에서 반장에 당선되고 그다음 해에는 학생회장에 당선된다. 대다수가 떨어질 것이다 평가하는 선거에서 뒤집은 것이다.

 나는 이야기하고 싶다. 당신이 선거에 출마하고자 하는 용기를 내는 것만으로도 진보한다. 당장 눈앞에 보이는 결과만으로 느껴지지 않을 수 있다. 하지만 삶 전체를 두고 봤을 때 미약하지만 발전되어 나아간다. 그것은 어떤 역경이 자신에게 다가오더라도 이겨낼 수 있는 강한 의지력이다.

결과보다는
과정을

과정과 결과 중 어느 것이 중요하냐에 대한 논쟁은 생각보다 치열할 수 있다. 이 논쟁에 대해 나는 과정이 중요하다고 전하고 싶다.

어느 날 한 스님을 만나 뵙게 되었다. 그 스님은 나에 대한 칭찬을 아끼지 않으셨다. 술도 안 마시고, 담배도 안 피우고, 목소리도 좋고, 머리도 적당히 벗겨졌고:; 스님이 되어 보지 않겠느냐고 제안했다. 나는 말씀드렸다.

나 : "네... 스님이 되는 것도 좋은 일이라 생각합니다. 하지만 저는 제가 하고 싶은 일들이 있습니다."

스님 : "어떤 일을 하고 싶나요?"
나 : "좋은 세상을 만들고 싶습니다."

스님 : "그럼 그건 스님이 되어서 할 순 없나요?"

 그때 느낀 게 있다. 좋은 세상은 스님이 되어서도 만들 수 있다. 하지만 그 좋은 세상으로 향해 가는 데 있어서 어떻게 나아갈지 과정에 대한 선택은 나에게 있는 것이다.

 선생님이 되어서 학생들을 바르게 교육하는 것 역시 좋은 세상으로 갈 수 있는 길이다.
 언론인이 되어서 진실 된 정보를 전달하는 것 역시 좋은 세상으로 갈 수 있는 길이다.
 개그맨이 되어서 삶에 지친 시청자들에게 웃음을 줄 수 있는 것 역시 좋은 세상으로 가는 길이다.
 정치인이 되어서 좋은 정책으로 국민들을 위해 일하는 것 또한 좋은 세상으로 나아가는 길이다.

 요식업에 종사하면서 고객에게 건강하고 맛있는 음식을 제공해주는 것, 자동차를 안전하게 수리하는 일, 택시 운전을 하며 고객을 안전하게 목적지까지 태워주는 일, 기업에서 성실히 일하며 국가의 발전에 이바지하는 일 모두가 자기에게 주어진 삶 속에서 좋은 세상을 만들어 갈 수 있다.

좋은 세상이라는 목적지는 같을 수 있으나 그곳에 도달하기까지의 과정은 다양하다. 그러한 과정을 내가 선택할 때 비로소 행복감을 느낀다.

선거의 경우 당선이라는 결과가 몹시 중요하다. 성인들의 선거에서는 누가 당선되느냐에 따라 역사가 뒤바뀌기도 한다. 하지만 그런 가운데에서도 과정에 행복감을 느끼지 못하면 오래 버틸 수 없다. 국민들로부터 오해받기도 하고 억울하게 옥살이하게 되는 경우도 생긴다. 그런 고난과 역경 속에서도 자신이 뜻을 이루어 간다는 과정에서의 행복을 찾을 수 있어야 한다. 그렇게 해야 큰 리더가 될 수 있다.

마찬가지로 학교 선거에 출마하다 보면 갖가지 고난들이 도사린다. 친했던 친구가 등을 돌리기도 하고 때론 모함을 당하기도 한다.

그런 가운데 학생들을 위해서 봉사할 목적으로 출마했다는 것은 흔들리지 않는 큰 중심축이 될 것이다.

결과만 보고 출마한다면 고난과 역경이 찾아왔을 때 쉽게 흔들릴 수 있다.

그러나 연설 원고를 만들고, 연습하고, 학생들을 만나러 다니고 이런 과정에서 행복을 찾는다면 그 자체가 축복이 될 수 있다.

선생님
설득하기

　　　　　　　　　　　반장 선거와 같은 경우 그런 일이 잘 없지만 전교 회장 선거의 경우 담임선생님이 출마를 하지 말라고 이야기하는 경우가 종종 있다. 일반적으로 전교 회장 선거는 담임선생님의 동의를 얻어야 출마할 수 있다. 나와 같은 경우는 고3 때 담임선생님뿐만 아니라 1학년 2학년 때 담임선생님에게도 찾아가서 동의를 얻는 서류를 받아야 했다. 하지만 처음부터 난관이 찾아왔다.

　담임선생님에게 찾아가기 전 너무 떨리고 긴장되어서 복도에서 크게 떨고 들어갔다. 마치 한 겨울 시베리아 벌판에서 혼자 헐벗고 있는 듯했다. 하지만 용기 내어 교무실 문을 두드렸다. "선생님... 저 이번에 학생회장 선거에 출마하고 싶습니다." 선생님은 단칼에 거절하셨다. "나. 가. 지. 마! 너는 음악 전공하고자 하는 애가 거기 열심히 하지 왜 나가려고 하니?" 그렇다. 나는 인문계에서 음악을 전공하고자 한 학생이었다. 음악선생님이 되는 게 꿈이었기 때문이다. 하지만 그 앞에서 약 30분이 넘도록 선생님을 설득했다. "저는 학교폭력 없는 학교를 만들고자 합니다. 떨어져도 좋습니다. 제 의견을 학생들에게 피력하고 평가받고 싶습니다. 부디 허락해주십시오." 교무실에는 침묵이 흘렀다. 선생님은 결국 백기를 들었다. 그렇다 하더라도 내가 당선될 것이라 생각하지 않는 분위기였다. 왜냐하면 쟁쟁한 후보자들이 있었기 때문이다.

결과는 나의 당선이었다. 4:1의 경쟁을 뚫었다. 그렇게 임기를 마치고 시간이 흘러 대학생이 되었다.

오랜만에 학생회장으로 활동할 당시 학생 부회장이었던 후배에게 전화를 걸었다.

나 : "잘 지내고 있니?"

후배 : "요즘 조금 힘들어요."

나 : "아니 왜?"

후배 : "반장 부반장 선거에 출마했는데 다 낙선했어요."

나 : "그럼 전교 회장 선거에 출마하면 되지 않니?"

후배 : "그게... 담임선생님께서 출마하지 말라고 하세요. 그냥 공부하래요"

나 : "선생님께 다시 찾아가서 말씀드려봐 나도 마찬가지로 선생님께서 당시에 출마하지 말라고 하셨어. 선생님을 뚫어! 나는 너보다 훨씬 더 공부도 못하는데 출마했잖니. 끝까지 설득해 보렴."

후배 : "네 감사합니다."

후배는 결국 선생님을 설득했고, 전교 회장에 당선되었다. 그리고 수능 100일 전 날 응원주를 사주기 위해 후배를 불렀다. 뒤에 약속이 있다고 했던 후배는 한참이 지나도 자리를 뜨지 않았다. 그래서 나는 물었다.

나 : "혹시 뒤에 약속 있다고 하지 않았니? 빨리 가봐야 하는 거 아니니?"

후배 : "채진석 선배가 일어나기 전까지 일어나지 않겠습니다."

은근히 감동을 먹었다. 그리고 다시 물어봤다.

나 : "이야... 그래 고마워, 너는 꿈이 뭐니?"

후배는 눈동자에 한 치에 흔들림도 없이 대답했다.

후배 : "판사입니다."

나 : "이야~~ 그럼 너 다음에 보게 될 때 시커먼 차타고 나타나겠다! 하하하하하."

이후 그 후배는 대학에 가서도 학생회장에 당선되었고, 대학 재학 중 23세의 나이에 사법시험에 합격했다. 그리고 현재는 판사로 재직 중에 있다. 번외로 그 친구에게 공부 비결을 물어보았더니 본인은 직접 한 번 써본다고 한다. 그리고 무작정 쓰기만 하는 것은 아니고 생각을 하고 난 다음에 다시 쓰기를 반복한다고 전했다.

만약 누군가가 "학생회장이 되면 공부하는데 방해가 돼! 공부를 하기 위해서는 학생회 활동 같은 건 하면 안 돼!"라고 생각하는 사람이 있다면 나의 후배 이야기를 전해주고 싶다. 우리는 그 자리에 설 때 책임감으로 인해 무언가를 더 열심히 하고자 하는 에너지가 생겨나기도 한다. 학생회장이라는 이름을 갖고 있을 때 내가 더 열심히 해야 하고 더 모범적이어야 한다는 심리적 발동이 일어날 수도 있는 것이다.

삶의 중심은 자신이다. 본인이 출마하고 싶다면 선생님께 정중히 다가가서 끝까지 설득하라. 학교에 다니는 학생이라면 누구나 선거권이 있다. 크게 문제를 일으켜서 학교생활규정상 선거 출마에 제한을 받게 된 학생이 아니라면 자신의 출마 의사에 존중받을 권리가 있다.
"뚫어라! 그럼 뚫릴 것이다!"

반장 선거 VS
전교 회장 선거

방금 이야기를 듣고 난 뒤 뭔가 의아해 할 만한 점이 있을 것이다. 어떻게 반장 부반장 낙선한 친구가 전교 회장에 당선될 수 있지? 왜 이런 의문이드냐면 전교 회장 선거는 보다 규모가 크기 때문이다. 일반적으로 생각하면 전교 회장에 당선되면 학급 반장 부반장은 쉽게 당선될 수 있다고 생각한다. 반장 부반장에 떨어지는 학생은 전교 회장에도 떨어질 것이라는 생각을 갖게 될 수 있다. 오류다. 선거는 꼭 그렇지만은 않다.

 성인들의 정치 지형을 봤을 때도 한 지역에서 5선 이상 당선된 국회의원이 대통령 선거에서는 아예 이름조차 거론되지 못할 수 있으며, 그 지역에서 인정받지 못하고 번번이 낙선한 사람이 대통령선거에서는 당선된 역사적 사례를 우리나라에서도 확인할 수 있다.

왜 이런 현상이 일어나느냐면 단위 규모가 작은 선거일수록 직접적인 관계에 영향을 많이 받는다. 학생들이 후보자를 피부로 느끼기 때문이다.

 규모가 커질수록 연설문이나 연설력, 그 사람이 걸어온 길, 전체적인 인지도에 더 큰 영향을 받는다. 왜냐하면 그 모든 학생을 후보자가 다 가깝게 관계 맺고 지낼 수는 없기 때문이다.

 한때 유튜브에 이런 영상을 본 적이 있다. 한 고등학생이 나와서 자신의 머리카락과 학생들의 믿음을 바꿀 수 있다면 미천한 머리카락 따위야 없어도 된다며 바리깡으로 머리를 밀어버린 것이다. 그런데 영상 속 자막에는 그 친구가 떨어지고 부회장이 되었다고 나왔다. 그 친구가 만약 학생회장 선거에 출마했다면 어떻게 되었을까? 다른 결과로 이어졌을 수 있다는 소리다.

 당선이 되고 난 뒤에는 어떨까? 본인이 하기에 따라 많이 다를 수 있지만 개인적으로 반장을 할 때가 난이도가 더 높았다. 학생회장을 할 때에는 학교 행사 있을 때 주체적으로 나서고 한 달에 한 번 학생회의를 할 때 사회를 봤다. 쉬는 시간에 돌아다니면서 학생들의 의견을 듣거나 학교폭력예방 운동을 했다. 크고 굵직굵직한 일들은 있어도 직접적으로 나에게 크게 부담되는 일은 없었다. 그런데 반장은 반에서 일어나는 크고 작은 감정적 상황에 항상 관여해 있다. 우리 반에 특별히 기가 센? 학생들이 있어서일지 몰라도 그런 친구들과 늘상 대치 상황에 놓여 있었기 때문에 반장을 했을 때가 더 일이 많았다. 또한 학생회장은 하는 일이 눈에 확 띄는데 반해

반장은 그렇지 않다.

 학교별로 경쟁구도도 다르다. 어떤 학교는 후보자가 없어서 재공고를 띄우는 경우도 있고 어떤 학교는 불꽃 튀기는 경쟁을 한다.

 이렇듯 선거란 항상 가변적 상황이 존재한다.

선거에 나가면
좋은 점

　현재 우리나라에서는 어렸을 때부터 발표력 교육이 잘 이루어지지 않고 있다. 국어시간에 발표 교육이 있지만 일부이다. 학교에서 1분 스피치 3분 스피치를 한다고 하더라도 많은 학생을 교사가 일일이 다 담당하기란 어렵다. 그렇기에 말하기 실력을 제대로 키워주기란 어려운 문제이다. 어렸을 때 형성된 능력은 그 사람이 평생 살면서 부여받은 재능으로 남기도 한다. 남 앞에만 서면 벌벌 떨던 내가 현재는 직업 강연자가 된 것도 마찬가지다.

　학교 선생님들 중에서도 학생들 앞에 설 때 떨리고 긴장된다는 분이 계시다. 혹은 내가 대학 다닐 때 교수님이 발표를 시켰는데 한 여학생이 그 앞에서 긴장이 되어 펑펑 울었던 적이 있다.

이렇듯 성인이 되어서도 남 앞에 선다는 것은 쉬운 일이 아니다. 하지만 어렸을 때 반장 부반장의 경험이 있으면 상당한 훈련이 된다. 왜냐하면 선거라는 과정을 통해서 학생들 앞에 서야 하고 당선이 되고 나면 늘 나서야 할 일들이 많기 때문이다. 그렇게 숙련이 된다면 점점 삶 앞에 당당하게 대응할 수 있다. 이것은 돈으로도 바꿀 수 없는 자산이다.

 대학 진학에서도 학생회의 경험은 유리하게 적용될 때가 있다. 물론 수능은 학생들의 성적을 보고 뽑는다. 9등급 학생을 1등급 학생보다 낫게 대우하지 못한다. 하지만 비등비등한 상황을 놓고 보거나 리더십을 요구하는 학과에 지원을 할 경우 면접 때 보다 막강한 스펙이 되어 있을 것이다.

 내가 학교 다닐 때에는 고3 때 학생회장을 하거나 1학년, 2학년, 3학년 모두 반장을 하게 되면 모 대학의 경찰행정학과에 수시 지원이 가능했다. 그렇게 해서 들어간 선배가 있었다. 또는 일부 사회과학계열에 리더십 전형을 뽑았었는데 학생회장 출신은 지원 가능했다. 현재도 역시 그런 것을 뽑는 학교가 있으니 본인이 원하는 학교와 학과가 있다면 꼭 알아보길 바란다.

 아래는 경희대학교의 입학전형 시행계획안 중 일부이다.
< 리더십인재 : 전교 학생(부)회장, 학급(부)회장, 동아리(부)회장 등 리더십 활동, 팀워크에 기반한 사회 현장 활동을 통해 '더 나은 사회(공동체)' 건설에 헌신하고자 하는 학생>

여기서 추가되는 점이 있다면 학교생활을 평소 모범적으로 수행해 학교장이 추천한 학생이어야 한다. 또한 이런 리더십 전형으로 대학에 들어가지 못한다고 하더라도. 평생 살아가며 자소서 한 줄이 될 수 있다.

아래는 대교협의 자기소개서 공통문항 중 하나이다.

"학교생활 또는 직장생활 중 배려, 나눔, 갈등관리 등을 실천한 사례를 들고 그 과정을 통해 배우고 느낀 점을 구체적으로 기술해 주시기 바랍니다."

반장이나 전교 회장을 하지 않았다고 하더라도 내용은 충분히 구성해서 쓸 수 있다. 하지만 반장이나 전교 회장은 그만큼 당선되는 과정이 어렵고 경험 자체만으로도 임기 기간 내 상당한 봉사를 했을 것이라는 점을 추측할 수 있다. 그래서 자기소개서 작성이나 면접 때 빛을 발휘할 것이다.

나와 같은 경우는 학창시절 겪었던 "왕따에서 학생회장까지" 라는 소재를 통해 강연 활동을 하고 있다. 만약 학생회장의 경험이 없었다면 이는 불가능한 일이었다. 꼭 그것이 대학과 취업에서의 유. 불리함을 떠나 인생에서 자신을 성장해 줄 큰 가치임에 분명하다. 떨어지고 낙선해도 배우는 게 있다.

망설이지 말고 도전하라! 도전하는 당신에게 세상은 길을 열어줄 것이다.

리더가
되어야 하는 이유

 도전할 준비가 되었는가? 만약 그렇다면 당신이 리더가 되어야 할 이유에 대해서 이야기하고 싶다. 나는 학창시절 정의로운 사람. 바른길을 걷는 사람이 사회적으로도 성공할 것이라는 생각을 가지고 있었다. 하지만 막상 사회에 나왔을 때에는 꼭 그렇지만 않다는 것을 알게 되었다. 선함과 능력이 서로 부딪칠 때 능력이 앞서나갔다. 그러한 능력을 가진 자 중에서는 선하지 않은 자도 많이 있다.

 리더가 된다는 것은 구성원들로부터 막강한 권한을 부여받는 일이다. 나는 예언한다. 이 책을 읽는 자 중에서 훗날 대통령이 나올 것이다. 국회의원, 지방자치단체장, 광역의원, 기초의원 등 다수의 정치인이 탄생할 것이며 기업을 이끄는 CEO가 나올 것이다. 왜 그렇게 생각하냐면 리더는 철저히 준비하는 사람에게 기회가 오기 때문이다. 미루고 있거나 잊고 있다가

하루 전날까지 원고를 준비하지 못해서 난처해하는 학생들도 생각보다 많다. 그런데 이 책을 보고 있다는 것은 보통 준비가 아니라는 뜻이다.

 좋은 마음과 좋은 뜻을 갖고 있어도 권력의지가 없는 사람들이 있다. 또한 정치를 외면하는 사람들도 있다. 그런 것이 잘못되었다고 볼 수는 없겠지만 권력이 세상을 바꾸는 힘은 매우 막강하다. 그런 권력을 누가 쟁취하느냐에 따라 세상은 편해지기도 하고 고난에 빠지기도 한다.

 미래의 사회 지도자가 될 독자들에게 부탁하고 싶다.

 "당신이 리더가 되어 좋은 세상을 만들어 주세요."

선거 준비 기간

후보자마다 선거를 준비하는 기간은 달라질 수 있다. 연설문 작성에 어려움을 겪는다면 연설문에 시간이 많이 소요된다. 말하기 능력이 부족한 학생이라면 발표력을 향상시키는데 시간이 많이 소요된다.

 연설문 작성과 말하기 능력 중 어느 게 더 시간이 많이 걸리느냐? 라고 묻는다면 사람마다 다를 수 있겠지만 나는 말하기 능력이라 생각한다.

원고는 글을 조금 잘 쓰는 사람이 옆에서 봐주면 금방 완성될 수 있다. 하지만 발표력은 짧은 시간에 완성되는 것이 아니다. 누가 대신해 줄 수도 없다.

그렇다고 해서 불가능한 것은 아니다. 남 앞에서 말 못하기로 소문난 학생을 3~4일간 학습시켰더니 본인이 준비한 연설 하나만큼은 다른 학생들이 놀랄 정도로 잘했다. 그러나 그 연설원고를 제외한 나머지 상황에서는 다시 도루묵이 된다.

 발표력은 그러한 과정을 수없이 반복해가며 늘어간다. 성공은 기억하고 실패는 수정해 나가야 한다. 어느 정도 궤도에 진입할 때까지 많은 시간이 필요하다. 평소에도 남 앞에 나서기를 주저하지 말고 발표하는 훈련이 되어 있어야 한다. 긴장되고 두려움이 찾아오는 그 순간, 그 두근거림을 수없이 넘어서야 한다. 그럴 때 비로소 청중이 보이기 시작하고, 청중들의 감정이 느껴지기 시작하고, 청중들을 움직일 수 있는 연설을 하게 된다.

 만약 당신이 연설 원고 집필 능력과 발표력을 모두 마스터했다는 전제하에 선거 준비 시간을 계산해보면 아래와 같다.

 반장 선거, 부반장 선거 : 연설문 작성 1일~2일 연설연습 3일~5일
 전교 회장 선거, 전교 부회장 선거 : 연설문 작성 3일~5일 연설연습 10일

 여기서 연설문 작성은 평소 생각하고 구상했던 것을 원고에 옮겨 적는 시간이다. 후보자는 생활을 하면서도 내가 만약 선거에 나가면 어떤 이야기를 할지 마음속에 떠올리고 있어야 한다. 여기서 제시한 연설 연습 또한 오로지 자신의 원고만 외우고 연습하는데 걸리는 시간이다. 소품을 제작하거나 벽보를 만드는 일은 플러스알파에 해당한다.

어떤 친구들은 선거가 6개월 이상 남았는데 원고를 준비하기도 하고, 고등학교 1학년 때부터 3학년 학생회장 선거에 나갈 준비를 한다.

 선거는 많은 시간 공을 들여 철저하게 준비하더라도 낙선할 수 있다. 하지만 준비된 사람에게 기회는 더 강하게 주어진다. 경험상 그렇게 열정을 가졌던 친구들의 당선 확률이 매우 높았다.

* 학교마다 전교 회장이라고 하기도 하고 학생회장이라고 하기도 합니다. 어떤 학교는 학년 회장을 뽑는 곳도 있답니다. 본 저서에는 전교 회장과 학생회장을 섞어서 사용했습니다. 같은 의미라고 봐 주세요 ^ ^

공약!
지킬 수 있을지 애매할 때는?

　　　　　　　　선거에서 공약은 무엇보다 중요하다. 그리고 이 공약은 학교에 다니는 후보자 본인이 가장 잘 알 수 있다. 학교에 다니면서 불편했던 점. 그리고 이런 게 있었으면 좋겠다고 생각했던 점들이 공약이 될 수 있다. 그런 다음 고민해 봐야 할 것이 지킬 수 있는가이다. 또한 그 공약을 위해 리더로서 무엇을 할 수 있는가이다. 실현 여부가 불확실하다면 "추진"이라는 표현이 있다. ~하겠다. 라고 이야기하고 못 지키면 거짓말쟁이가 되지만 ~될 수 있도록 리더로서 어떻게 하겠다는 표현은 가능하다. 그렇기에 될지 안 될지 불확실한 부분은 "추진" 또는 "어떻게 하겠다."라는 표현으로 넣고 구체적인 사항을 연설에 전달하면 된다.

　부산에는 대변초등학교라는 곳이 있었다. 이 이름으로 인해 똥 학교라는 별칭을 얻게 되었다. 학생부회장으로 출마한 후보자는 학교명을 바꾸겠다고 공약했다. 그 친구는 당선되었고 54년간 유지되었던 교명은 용암초등학교로 변경되었다. 이후 나는 그 학교에 강연을 간적이 있다. 실제로 당시 그 이름을 바꾼 주역이었던 학생을 만나기도 했다. 아주 총명해 보였고 리더십이 있었다. 더불어 선생님들도 모두 훌륭하셨다. 강연을 옆에서 내내 같이 들어 주시고 마지막에 나설 때까지 교장선생님께서 마중 나와 주셨던 기억이 선명하다.
 변화를 지향했던 학생들의 염원과 그것을 수용해서 힘을 실어주셨던 학교 선생님들께서 계셨기에 가능한 일이었다.

 이런 현상을 볼 때 리더의 강한 의지가 있다면 어떠한 상황이라도 불가능할 것이라고만은 볼 수 없다.

 하지만 너무나 터무니없는 공약을 내세우게 될 경우에는 신뢰 없는 사람이 될 수 있으니 유의하자.

"여러분~ 저는 학교를 PC방으로 만들겠습니다! 그리하여 배틀그라운드를 하면서 수업을 들을 수 있도록 하겠습니다." -_-;;

공약
모음

아래는 그동안 학생들이 걸었던 공약을 모아서 정리해보았다. 용암초등학교(구 대변초등학교)와 같이 그 학교만의 특수한 상황이 공약이 된 경우를 제외하고는 대다수는 아래의 공약 안에서 맴돌았다. (전교)라고 표기한 것은 전교 학생회에서 할 수 있는 공약이며 (공통)으로 표기한 것은 전교 학생회 뿐 아니라 학급 반장 부반장도 가능한 부분이다.

< 돈이 들어가는 공약 >

(전교)
자전거 거치대 지붕 설치, 정수기 교체, 매점 리모델링, 화장실 온수 사용, 화장실 온풍기 설치, 유명인 강연, 자판기 추가 설치, 비데 설치, 농구 골대

그물망 교체

(공통)
겨울철 털 실내화 비치, 교내 화장실 액체비누 설치 및 상시 리필
미세먼지를 막기 위한 공기정화식물 배치, 방향제 설치,
수저와 냅킨 배치를 통한 급식 환경 개선, 양심 우산 통 및 실내화 배치
잃어버린 물건 찾는 보관함 설치, pc 게임대회 개최, 청소용품 구매
운동회 간식거리 제공, 단체 티 주문 제작, 사물함 교체, 건의함 설치,
도서 추가 구입, 학용품 및 준비물 공유함 설치

< 돈이 들어가지 않거나, 적게 들어가는 공약 >

(전교)
학교 축제 시간 연장, 시험기간 체육복 등하교, 벌점제도 및 생활규정 개선, 자습실 개방,
두발 규정 완화, 야간자율학습실 이용 시간 연장, 시청각실 영화 상영 , 주변 식당 우리학교 학생 할인

(공통)
체육대회 개최, 음악대회 개최, 교내 봉사활동 활성화, 사제동행 스포츠 행사, 휴대폰 자율화, 아나바다 장터 신설, 잃어버린 물건 보관함 설치, 동

아리 창설, 학교폭력 stop 프로그램 활성화, 친구들 재능 공유의 장 마련, 학교폭력 없는 학교, 웃음이 가득한 학교, 수호천사 제도, 멘토 멘티 활성화 등이다.

생각했던 것보다 많지 않게 느껴진다. 공약이 책 한 권 분량으로 나올 것 같아도 이것은 수많은 원고에서 추출해낸 공약이다. 하지만 여기서 끝이 아니다. 이 이야기를 어떻게 풀어 가느냐에 따라서 다양한 방향이 생겨난다.

가령 '학교폭력을 없는 학교를 만들겠다.'의 공약에는 폭력이 일어날 시 반장이 가장 먼저 두들겨 맞는 한이 있더라도 막아 세우겠다. 라고 이야기를 풀어 나갈 수도 있을 것이며 합법적인 모든 방법을 동원하겠다. 라고 풀어나갈 수도 있을 것이다. 그냥 '학교폭력 없는 학교'라는 구호에서 끝나버릴 수도 있을 것이고, 예방 캠페인 및 예방교육을 강화해 나가겠다고 할 수도 있다. 이렇듯 하나의 공약 안에도 그것을 풀어내는 경우의 수는 여럿이다.

유의해야 할 점은 돈이 들어가는 공약은 실현 가능 여부에 대해 면밀히 검토해야 한다. 내가 위에 제시한 공약들도 학교에 따라 가능할 수도 있고 불가능할 수도 있다. 특히 학생들이 가장 많이 실패했던 공약은 흰 우유를 초코우유, 딸기우유로 바꾸겠다는 것 자판기 설치, 은행 CD기 도입 등이다. 무리한 공약을 걸었다가 당선되어 못 지킬 경우 임기 내내 힘든 생활을 보낼 수 있다.

 돈이 들어가지 않는 공약 역시 마찬가지다. 두발규정 완화나 휴대폰 자율화 등의 경우에는 비교적 학교에서 수용하기 어려운 공약이다. 후보자가 상황을 잘 판단해서 걸어야 한다. 학교에 따라서는 미리 공약을 선생님께서 검토하시는 경우도 있다. 만약 본인이 지킬 수 있을지 여부가 불확실하다면 스스로 찾아가서 될 수 있는지 확인받아 봐도 좋다.

유명 연예인 초청 강연 섭외 공약! 가능할까?

많은 후보자들이 내거는 공약 중 하나는 유명 연예인을 학교에 초청하겠다는 것이다. 이것은 완전히 불가능하지는 않다. 하지만 현실적으로 매우 어렵다.

먼저 유명 연예인들이 받는 비용에 대해서 알아 볼 필요가 있다. 한 가수를 대학 축제 때 초청했는데 그때 들었던 비용은 5000만원이었다. 한 유명 개그맨을 지방에 있는 축제 행사에 사회자로 요청했는데 2000만원에도 거절했다.

연예인의 인지도에 따라서도 상당한 비용 차이가 발생한다. 학생들이 충분히 알만하고 인기 있는 연예인을 섭외하고자 하면 최소 수백만 원 이상의 비용이 요구될 수 있다.

그렇다면 학교에서 그 비용을 충당할 수 있는가에 대한 문제이다. 학교에서 강연자를 섭외할 때에는 교육청의 '학교회계 예산편성 기본지침'에 따른다. 이것은 해당 교육청의 홈페이지에서 확인할 수 있다. 그런데 이 지침은 각 교육청마다 조금씩 다르다.

 보편적으로 '문화 예술 등 특별분야의 전문강사'의 경우 1시간 16만원 초과시간당 9만원 가량의 비용을 받게 된다. 여기서 원고료로 시간당 5만원 정도가 추가된다. 그렇다면 이 기준으로 연예인이 와서 2시간 강연을 하고 가면 약 35만원의 비용을 받을 수 있다. 또는 해당 분야의 권위자의 경우 1시간 30만원 초과시간 20만원 이다. 그렇게 되면 2시간 강연 시 원고료까지 포함해서 약 60만원 가량의 비용을 받게 된다.

 물론 학교나 교육청에서 자체적으로 섭외하는 것이 아니라 기업이나 기관, 단체에서 명사를 섭외해서 학교에 초빙하는 경우가 있다. 그러한 경우는 예외적으로 두더라도 현실적인 섭외 비용을 고려했을 때 유명 연예인 초청 강연 공약은 몹시 어려운 일이다. 하지만 연예인과 인맥이 있거나 특별한 사연이 있을 때에는 가능 할 수도 있다. 한 때 아이유가 자신의 팬과의 약속을 지키기 위해 한 여고 졸업식 날 깜짝 등장한 적이 있었다. 이런 특별한 사유, 또는 재능 기부가 아니라면 상당히 지키기 어려운 공약이다.

 유명 연예인 초청 공약은 학생들이 쉽게 믿지 않을뿐더러 후보자도 구체성 없이 공약을 걸었다가 불안해하는 경우가 많다. 그렇게 되면 선거 과정에서 위축될 수 있다. 내가 추천할 만한 공약은 아니다. 다만 그런 유명한 연예인 말고도 주변에 학생들에게 유익한 정보를 제공해 줄만한 사람들이 많으니 그런 분들을 섭외하는 게 오히려 나을 수 있다. 특히나 어려움을 딛고 일어선 사람들의 강연 중에는 유익한 경우가 많다.

소품
(도구, 의상)

　　　　　　　간혹 학부모를 만나면 참 희한한 소품을 준비해 오는 경우가 있다. 나는 그럴 때 후보자를 믿으라고 이야기해 주고 싶다. 후보자가 이게 아닌 것 같으면 아닌 경우가 많다. 왜냐하면 그 학교 현장에서 학생들의 분위기를 누구보다 잘 알기 때문이다.

　어떤 학부모는 할로윈데이 때나 쓸법한 희한하게 생긴 손톱 모형, 동네 문구점 500원짜리 뽑기에 나올 법한 액세서리를 잔뜩 모아 놓았다. 그리고 후보자인 아들에게 자기가 정성껏 준비해 온 것이니 활용하라고 강조했다. 후보자는 "이건 아닌 것 같은데?"라고 울상을 지었다. 나도 역시 아닌 것 같았다. 하지만 그 자리에서 학부모 의견을 너무 무시할 수가 없어서 단칼에 아니라고 이야기하기 어려웠다.

소품 역시 원고와 적정한 조화를 이룰 때 그것을 활용하는 것이다. 원고와 관계없는 것은 부조화를 이루거나 거추장스러워질 수 있다.

 그렇다면 소품이 중요하냐는 문제가 제기될 수 있다. 선거에 있어서 절대적인 것은 아니다. 소품을 많이 활용하고도 낙선하는 후보자들을 많이 봤다. 아무리 잘 활용해도 원고나 연설을 앞질러 가지는 못한다. 하지만 비등비등한 상황에 놓였을 때에는 이야기가 달라진다. 그 조금의 차이가 더 크게 와닿을 수 있기 때문이다.

 인천에 있는 한 초등학교에 학생회 임원들을 대상으로 리더십 특강을 간 적이 있었다. 그때 강연 중 5학년 전교 부회장에 당선된 친구와 토크쇼를 진행했다. 그 친구는 선거 때 소품으로 때밀이를 썼다고 한다. 그리고 학생들에게 때를 미는 시늉을 하며 "팍팍 밀어주십시오!"라고 연설했다. '때를 밀다'와 '선거에서 밀어 주다'라는 언어유희를 활용한 것이다. 이럴 경우 만약 소품으로 때밀이를 가지고 가지 않았다면 웃음을 터트려내지 못했을 수도 있을 것이다.

 마찬가지로 응용하려면 '뽑다'를 가지고도 만들 수 있다. 반장 선거에서 각 티슈를 가지고 가서 "이 휴지를 뽑듯이 저를 뽑아주신다면!"또는 무나 배추를 들고 가서 뽑는 시늉을 하며 "여러분 농부가 배추를 뽑듯이 저를 뽑아주십시오!"라고 할 수도 있다. 이렇게 투표로 '뽑다'와 다른 무언가를 '뽑다'라는 단어의 유사성을 활용해 만들면 된다.

혐오감을 불러일으키는 소품을 사용해서는 안 된다. 예전에 한 사람이 연설 도중 준비해온 오리발을 꺼내어서 "오리발 내밀지 마라!"라고 연설했던 적이 있다. 이때 뉴스에도 크게 나왔었고 사람들의 반응은 몹시 불쾌해 했다. 이렇듯 소품이라고 해서 무조건 다 준비하는 것이 좋은 것만은 아니다. 청중들에게 어떻게 전해질지 파악할 수 있어야 한다. 만약 내가 그분을 미리 알고 있었더라면 수영할 때 쓰는 오리발을 가져가라고 했을 것이다.

 의상 역시 자신이 이야기하고자 하는 원고와 맞아떨어질 때 더욱 빛을 발한다.

 한 경찰관이 학교폭력 강연대회에서 포도대장 옷을 입고 등장했다. 다른 경찰관들은 근무복을 입고 강연을 했는데 그 사람은 단연코 눈에 띌 수밖에 없었다. 강연 역시 잘해서 그 사람은 대상을 탔다.
 만약 그 경찰관이 포도대장 옷을 입지 않고 강연을 했으면 어땠을까? 아마도 사람들은 그 사람을 포도대장 옷을 입었던 사람이라고 기억하지는 못했을 것이다. 그냥 학교폭력예방 강연 잘하는 경찰관 정도로 기억될 것이다.
 혹은 포도대장 옷을 입은 사람이 몇 명 더 있었다면 어땠을까? 희소성이 떨어져서 그 사람만의 캐릭터로 기억되지는 못했을 수 있다.
 포도대장 옷은 입었는데 강연을 못했다면 어땠을까? 상을 타지 못했을 것이다. 그냥 하나의 이슈만 되었을 것이다.

소품을 만들 때 크기에 대해서도 이야기를 해보고 싶다. 직접 소품을 제작할 경우 소품은 본래 크기보다 조금 더 크게 만드는 게 좋다. 왜냐하면 멀리 있는 학생들까지 보일 수 있게 해야 하기 때문이다. 본래 자체가 큰 것은 관계가 없지만 본래 크기가 크지 않은 제품은 큼직하게 제작 하는 게 좋다. 내가 생각하는 적정 사이즈는 약 농구공 정도의 크기다. "여러분들의 갈증을 해소하는 김민~수가 되겠습니다."라고 이야기했을 때 500ml 짜리 작은 물통에다가 '김민수'라고 새기는 것보다. 1.8L 물통에 새기는 게 낫다.

 만약 연설 때 학생들을 웃기거나 시선을 끌만한 비장의 소품이 준비되어 있다면 처음부터 공개해서 여기저기 알리고 다니는 것보다 철저히 숨겨 놓고 있다가 갑자기 공개하는 게 더 유리하다. 앞서 이야기했던 때밀이나 '김민수' 물병 소품 역시 연설하기 전 스포일러가 다 뿌려졌다면 학생들의 반응이 다소 떨어질 수 있다. 갑자기 그 소품이 딱 등장했을 때 뭐지?! 하면서 예상하지 못했던 것의 등장에 반응이 일어나는 것이다.

 내가 대학 다닐 때 조별 발표수업이 있었다. 유리드 믹스라고 신체활동을 통한 음악적 리듬감 익히기 수업이었다. 학생들은 모두 작은 테니스공으로 땅바닥에 튀기거나 위로 던지면서 발표를 진행했다. 그런데 우리 조는 달랐다. 농구공만한 테니스공을 내가 구해온 것이었다. 그 공을 꺼내기 전에 선생님 역할을 맡은 조원이 대사를 쳤다. "여러분~ 이 테니스공을 우리의 꿈이라고 생각하면서 한 번 하늘로 던졌다가 받아 봐요!" 이때 제자 역할을 맡은 내가 등장해서 "선생님! 우리의 꿈이 라고요!? 그렇다면 이 정도는 돼야죠."하며 그 농구공만한 테니스공을 딱 꺼내서 보여줬던 것이다. 순간 학생들도 모두 놀라고 교수님도 놀라셨다. 쉽게 예상치 못했던 것이다. 나는 그 큰 테니스공을 들고 하늘로 올렸다가 받았다가 올렸다가 받았다가 하면서 발표수업을 마쳤다. 당연히 결과는 우리조가 1위였다. 교수님의 극찬이 쏟아졌다. 또한 그 테니스공에 관심을 많이 가지셔서 선물로 드렸다. 어차피 나에게는 더 이상 필요하지 않은 것이었기 때문이다. 그 테니스공은 대형마트에서 구매했었다. 평소 마트 구경을 자주 가는데 어느 날 큰 테니스공이 있기에 눈여겨보다가 때마침 구매한 것이다. 만약 그 테니스공을 처음부터 학생들에게 공개했다면 발표 당시 학생들의 반응은 그리 놀라지 않았을 것이다.

 소품은 연설자에게 절대적인 기준은 아니다. 하지만 청중들로부터 뭔가를 성의 있게 준비해왔다는 하나의 징표로 보일 수는 있다. 그렇다고 해서 학생 선거에 과도한 소품을 사용하지는 말자. 청중들과 후보자 모두 부담이 안 될 정도로 적정한 소품이 있다면 성의 있게 직접 만들거나 준비해서 활용하면 된다.

"소품은 원고와 적정히 맞아떨어질 때 더욱 빛을 발합니다."

선거벽보
제작 꿀팁

전교 회장, 부회장 선거와 같은 경우 벽보를 제작해야 한다. 기호 몇 번! 어떠한 학교를 만들겠습니다. 라는 문구와 함께 자기 사진이 크게 들어간다.

 벽보를 제작할 때는 가급적 많은 글을 넣지 말고 간단명료하게 핵심만 전달하는 것이 좋다. 국회의원 선거에서도 가끔 조그마한 전단지에 많은 글을 집어넣는 경우를 볼 수 있다. 후보자 입장에서는 조금이라도 더 어필하기 위해서 많은 것을 집어넣게 된다. 그러나 보는 사람 입장에서는 오히려 잘 안 보게 될 수 있다. 그 점에 유의해서 벽보를 제작해야 한다.

 색깔은 심리적으로도 영향을 미친다. 빨간색은 적극성과 활기, 주황색은 친근감과 즐거움, 노란색은 생동감과 유쾌, 연두색은 평화와 젊음, 녹색은 희망과 안정, 청록색은 청결과 이성, 파랑색은 성실과 상쾌함, 남색은 신비함과 숭고함, 보라색은 위엄과 풍부함, 자주색은 아름다움과 환상, 핑크색은 애정과 창조, 흰색은 순수함과 정직, 밝은 회색은 지성과 고급스러움, 중간 회색은 평범함과 겸손, 어두운 회색은 성숙과 진지함, 검정색은 무거움 등의 느낌을 준다. 색깔을 선정에 있어 주의해야 할 점이 있다. 벽의 색깔과 벽보의 바탕 색깔을 같은 것으로 사용하면 눈에 잘 띄지 않는다. 살색 바탕의 벽에 살색 벽보를 붙여 놓거나 노란색 바탕의 벽에 노란색 벽보를 붙여 놓는 경우가 그러하다. 이럴 때는 눈에 잘 띄는 보색을 활용하면 좋다.

추천서 받기는
기회다!

　　　　　　　　　　전교 회장 선거에 출마하는 학생들은 친구들에게 다가가서 자신을 추천하는 추천서를 받아야 한다. 그런데 많은 학생들이 여기에 긴장감과 두려움을 느낀다. 그러한 마음은 충분히 공감한다. 거절, 무시, 놀림당하게 될까 봐 얼마나 걱정되겠는가? 선거에서 그런 경우는 허다하다. 리더가 된다는 것은 인간관계가 급격히 증가하는 것을 의미하기 때문이다. 그 많은 관계 속에서 때론 친했던 친구가 등을 돌리기도 한다. 나를 도와주는 새로운 친구가 등장하기도 한다. 이런 현상에 대해 때론 무덤덤해질 필요가 있다.

　추천서를 들고 가서 친근하고 정중하게 부탁하고 거절하면 다시 정중하게 인사하고 다른 학생에게로 가면 된다.

< 응해주는 경우 >

후보자 : 안녕? 내가 이번에 전교 회장 선거에 출마하려고 해. 그런데 후보자를 등록하기 위해서는 추천인이 필요한데 괜찮다면 네가 해주지 않을래?

추천인 : 응, 해줄게~

후보자 : 정말 고마워! 열심히 선거운동을 할게!

< 불응하는 경우 >

후보자 : 안녕? 내가 이번에 전교 회장 선거에 출마하려고 해. 그런데 후보자를 등록하기 위해서는 추천인이 필요한데 괜찮다면 네가 해주지 않을래?

추천인 : 미안, 나는 이런 것 안 하고 싶어" 또는 "나는 지지하는 후보자가 있어

후보자 : 아! 그래도 고마워! 내가 조금 부족하지만 최선을 다해 선거운동을 할게

성인들의 선거 역시 이렇게 추천인을 받아야 한다. 선거관리위원회로부터 검인 된 추천장에만 받아야 한다. 그렇지 않은 양식에 추천장을 받거나 선거운동을 하려고 상한수를 넘어 받게 되면 선거법 위반으로 처벌된다.

즉 그게 처벌 대상이 되는 이유는 선거의 결과에 영향을 미친다고 보기 때문이다.

추천서 받기는 자신을 홍보할 수 있는 또 하나의 좋은 기회다!

자신에게 부여받은 추천서를 들고 이제부터 시작이라는 마음으로 하나 하나 부탁해 나가보도록 하자.

긴장감 덜어내는
방법

남들 앞에 서면 누구나 긴장되고 떨리는 마음이 든다. 학교에 강연을 가면 전교 회장을 불러서 인터뷰를 할 때가 있다. 주로 묻는 질문은 연설할 때 어떤 마음이 들었는지 이야기한다. 그렇게 수백 명의 학생들에게 질문해봤는데 약 90% 이상은 엄청 떨리고 긴장되었다고 한다.

즉, 이 말은 본인뿐만 아니라 대다수의 후보들이 그렇게 긴장을 하고 있다는 의미이다. 이 긴장감을 덜어내는 방법은 3가지가 있다.

하나는 결과에 대한 집착에서 벗어나는 것이다. 결과는 나의 노력과 관계없이 나타나기도 한다. 성실하고 바르고 착한 후보가 좋은 원고와 좋은 발표력을 가지고 선거를 치르더라도 낙선할 수 있다. 같은 후보가 같은 연설 원고를 가지고 발표하더라도 학교의 전체적인 분위기에 따라 어떤 곳에서는 당선될 수 있고, 어떤 곳에서는 낙선할 수 있다. 이러한 상황에서 "내가 꼭 당선되어야 해"라는 마음이 강해질수록 불안해지거나 조급해질 수 있다.

'나는 다만 나에게 주어진 상황에 최선을 다하겠다.'라는 마음이 긴장감을 덜어내는데 도움이 된다.

두 번째는 당선되었을 때 더 많은 봉사와 희생하겠다는 마음을 먹는 것이다. 친구들을 위해 나의 시간을 더 많이 할애하고 희생하겠다는 마음이 크면 클수록 떨어졌을 때 아쉬움이 덜하다. 내가 사랑하는 사람에게 고백하는 일에 비유해보자. 그 사람이 나의 사랑을 받아준다면 심장을 꺼내줄 각오로 고백을 했다. 그런데 그 사람이 나의 사랑을 받아주지 않았다. 그랬을 경우 털털하게 일어날 수 있는 것은 "비록 선택받지는 못했으나 내 심장은 건졌다."라고 여길 수 있기 때문이다. 당선되고 누릴 수 있는 명예나 혜택만 보고 당선되길 원한다면 낙선했을 때 불쾌하거나 기분 나쁠 것이다. 하지만 당선은 곧 나에게 있어서 명예도 혜택도 없이 무한 봉사와 구성원들에 대한 희생만을 각오했다면 결코 낙선했다는 것은 슬퍼해야만 할 일은 아니다. 그럴 때에는 자신에게 주어진 삶에 더 충실하면 된다. 결과적으로 욕심을 관찰하고 내려놓는다는 것이 핵심 포인트다.

그렇다면 여기에 대해서 이런 질문이 나올 수 있다. 자신은 "희생과 봉사를 할 목적으로 선거에 출마했는데 그래도 떨어지면 마음 아플 것 같아요!" 이럴 경우 걱정 안 해도 된다. 떨어지더라도 본인이 학급에 봉사할 수 있는 기회는 널려 있다. 일찍 와서 청소를 더해도 되고, 무거운 짐을 들고 가는 친구를 도와줘도 된다. 그렇게 봉사를 하다 보면 다시 인지도가 쌓이고 선거에 당선될지 누가 알겠는가? 반장이라는 이름을 가지지 않아도 학급을 위해 봉사할 수 있는 길은 열려 있다. 그런 깊이까지 내려갈 때 마음을 움직이는 리더가 될 수 있다.

 세 번째는 용기를 주는 문구이다. 나는 "운명은 겁 없는 자를 사랑한다."라는 말이 두려움의 순간이 찾아올 때마다 마음 속 깊은 곳에서 용기를 주었다. 여러분들도 삶 속에서 자신만의 문구를 선정해 두려움의 순간이 찾아올 때마다 꺼내 보라. 삶에 나침반이 될 것이다. 나의 학창 시절 은사님께서는 "진정한 용기는 두렵지만 그것을 넘어서는 것이다."라는 말씀을 해주셨다. 그 문구 역시 여러분들에게 함께 선물로 전한다.

연설문, 연설력 보다
중요한 것

　　　　　　　　　　　선거 출마에 있어 후보자의 평소 사람됨은 어떤 연설문보다 어떤 말솜씨보다 중요하다. 그래서 리더는 항상 바른 생각, 바른 행동, 바른 언행을 견지해야 한다.

일시적으로는 그렇지 않은 학생이 당선될 수는 있다. 유권자들이 언제나 현명한 선택을 하는 것은 아니기 때문이다. 하지만 멀리 두고 봤을 때 유권자들은 현명한 선택으로 나아간다. 때문에 바른 사람은 언젠가는 알아준다.

성인들의 선거에서도 마찬가지로 약자를 짓밟고 부당한 권력을 행사하는 사람이 요행이 당선될 수는 있다. 하지만 역사는 현명하게 평가한다. 꾸준히 바른길을 걸었던 사람은 초기에는 인정받지 못할 수는 있으나 언젠가는 유권자들이 알아주는 날이 온다.

 당장 누군가에게 인정받지 못하더라도 옳은 일이라면 묵묵히 행해서 나아가라. 그것이 쌓이고 쌓이다 보면 나의 마음에도 나의 표정에도 미묘한 변화가 일어나기 시작할 것이다. 그리고 그것은 세상 두려울 것 없는 당당한 자신감이 된다.

유권자에게
친근하게 다가가는 방법

선거에 출마하기로 마음을 굳혔으면 유권자와 친해져야 한다. 특히나 학생 수가 적은 곳일수록 이런 친분관계에 큰 영향을 받는다. 내가 친한 친구, 나와 익숙한 친구를 찍게 될 확률이 높다. 그렇다면 이러한 관계는 어떻게 만들어 낼 수 있을까?

첫 번째는 밝게 먼저 인사하기다.

왜? 인사하기가 그토록 중요할까? 우리는 첫인상에 상당한 영향을 받는다. 첫인상이 좋으면 그 사람이 전체적으로 괜찮을 것이라 느끼기 때문이다. 그런데 이렇게만 이야기하면 쉽게 체감이 오지 않는다. 늘 상 들어왔던 이야기기 때문이다. 나는 이것을 개그 프로그램에 비유해서 이야기를 한다. 방송국 PD가 개그 프로그램을 구성할 때 가장 중요하게 생각하는 것은 바로 앞부분과 뒷부분이다. 이 부분에는 가장 인기 있는 코너들을 배치한다. 그 이유는 사람들이 처음부터 재미없다고 느끼면 전체적으로 재미없을 것이라고 여기기 때문이다. 그리고 마지막에 인기 코너를 넣는 이유는 그것을 보기 위해 채널을 계속 고정해서이다. 여러분들이 연설 원고를 작성할 때에도 이 앞부분과 마지막 부분은 특별히 신경 써야 할 것이다. 원고뿐만 아니라 인간관계에도 맺고 끊음이 아름다워야 한다.

 사람과의 관계에 있어서 가장 처음은 인사이다. 따뜻하고 밝고 친근하게 인사하자! 안녕!

 그런데 간혹 뭔데 나한테 인사하지? 하고 시비를 걸거나 태클을 거는 학생이 나타날 수 있다. 거의 그런 경우는 없지만 그렇다고 아예 없지는 않다. 상대방의 심리가 뭔가 좀 예민하거나 불편한 경우이다. 그럴 때는 "미안! 친해지고 싶어서 그랬어." 하고 정리하면 된다. 선거라는 과정은 수많은 다양한 사람을 만나기 때문에 이런 경험 저런 경험 다 겪게 될 수 있다. 하지만 시간이 지나고 나면 누군가 사람 문제에 있어서 고민할 때 본인은 매우 노련해져 있을 것이다.

 두 번째는 인정하기 칭찬하기다.

 우리는 누군가로부터 칭찬받거나 인정받을 때 그 사람에 대한 충성심이 생겨난다. 삼국지에 유능한 군주가 부하 장수를 이끄는 힘 역시 이 인정과 칭찬에 있다. 친구의 장점, 친구의 잘하는 점을 아낌없이 칭찬해 주는 것이다. 사람은 자신을 칭찬해주는 사람에게 마음을 연다.

세 번째는 나를 낮추고 상대방 높여주기이다.

연설 원고에서도 적극 활용하겠지만 삶 속에서도 '내가 낮아지기' 기술은 인간관계를 자석처럼 끌어당긴다. "네가 나보다 더 아름다워!", "네가 나보다 더 똑똑해!", "네가 나보다 싸움을 더 잘해!", "네가 나보다 더 멋있어" 나를 낮추고 상대방을 높여주면서 다가갈 때 호감을 살 수 있다.

만약 추성훈 선수가 학교에 강연을 갔는데 "야! 너희들 한꺼번에 다 덤벼도 내가 싸워서 이길 수 있어! 나는 그만큼 강해"라고 이야기하는 것보다 "여러분들이 저보다 훨씬 더 강합니다!"라고 이야기하는 게 더 매력적으로 보일 것이다. 절세미인으로 알려진 톱스타 여배우가 주변 사람들에게 "당신이 저보다 훨씬 더 아름답습니다."라고 전한다면 얼마나 매력적으로 보이겠는가?

실제로는 자신이 더 공부를 잘하고, 자신이 더 강하고, 자신이 더 멋져 보이더라도 그렇게 자신을 낮춰서 다가가면 상대방은 본인에게 다가서기 훨씬 더 편하게 느낄 것이다. 그 외에도 친구가 필요로 하는 일이 있다면 적극적으로 나서서 도와주면 된다. 학용품을 안 가져온 친구가 있다면 먼저 빌려줘도 되고, 전학 온 친구가 있다면 먼저 다가서서 "베프 하자!"라고 이야기해줘도 멋진 일이다.

이렇게 다가가게 되면 언젠가는 당신이 출마하게 되었을 때 친구들은 당신의 지지층이 되어 있을 것이다.

리더의 역경은
존경이 된다.

나는 고등학교를 졸업하고 현재까지 14년 동안 단 한 번도 빠지지 않고 모교의 은사님을 찾아뵙고 있다. 사실 재수할 때는 은사님을 찾아뵙는다는 게 참 부끄러운 일이었다. 좋은 곳에 취직해서, 좋은 대학에 들어가서 멋진 모습으로 당당하게 나타나고 싶었는데 그러지 못해서 죄송한 마음이 들었다. 선생님께서는 나를 보고 말씀하셨다.

"채군 나는 39살에 교사가 되었다네. 교사가 되기 전 목욕탕에서 때밀이도 했고, 페인트칠을 하거나 공사장에서 막노동을 했고, 원양 어선을 타다가 큰 바람을 만나 죽을 고비기를 넘기기도 했지. 그리고 마흔두 살에 결혼해서 이제야 아들을 낳았다네. 30대 후반에 교사가 되고 40대 초반에 아들을 낳은 나도 있는데, 자네가 왜 못하겠나."

선생님은 한 번도 털어놓지 않은 개인사까지 말씀해 주시면서 용기를 불어넣어 주셨다.
 최근에 선생님을 찾아뵈었을 때에는 주역에 나오는 문구 하나를 소개해 주셨다.

"험이열하여 곤이불실기소형 하니 기유군자호인저 정대인길은 이강중야요 유언불신은 상구내궁야라"

 어선을 타다가 바람을 만나 죽을 고비가 찾아왔을 때에도 선생님을 지켜주었던 문구이다. 뜻을 풀이하면 삶은 풀릴 때가 있으면 안 풀릴 때가 찾아온다. 안 풀릴 때가 있으면 다시 풀릴 때가 찾아온다. 이때 잘 풀리지 않는다고 해서 불법을 저지르거나 탈선을 저질러 버리면 일이 풀리는 순간에 발목을 잡게 된다. 그러므로 일이 풀리지 않을 때 그것을 기쁜 마음으로 이겨내라는 의미를 담고 있다.

 마찬가지로 선거라는 과정을 통해 나아가다 보면 당선될 때도 있고 떨어질 때도 있다. 그러한 가운데 흔들리지 않고 자신의 바른 원칙과 철학을 지켜나간다면 여론은 언젠가 당신의 손을 들어 줄 것이다.

 당신에게 역경이 찾아온다고 할지라도 너무 슬퍼하거나 힘들어하지 마라. 리더에게 역경은 누군가에게 있어서 감동이 되고, 존경이 된다. 그리고 언젠가 당신을 더욱 크게 성장시켜 줄 발판이 될 것이다.

연설문의
길이와 분량

　　　　　　　　　　보통의 경우 연설 시간을 후보자에게 미리 제시해 주는 경우가 많다. 철저하게 하는 곳은 정해진 시간이 지나면 마이크를 꺼 버린다.

　연설문은 너무 짧게 작성하면 성의가 없어 보일 수 있다. 너무 길게 작성하면 청자가 듣기 힘들어져서 후보자에 대한 불신이 올라올 수 있다. 시간을 제시받지 않아도 반장 선거나 전교 회장 선거에서 적정한 시간은 존재한다.

반장 선거는 1분~3분 정도,

전교 회장 선거는 3분~5분 정도가 적당하다.

여기서 자신이 말하는 속도에 따라 같은 1분이라도 분량이 달라질 수 있다. 느릿느릿하게 읽으면 이야기하고자 하는 분량이 줄어들고, 빠르게 읽으면 분량이 늘어난다. 사람마다 속도가 다를 수 있지만 대체적으로 상대가 듣기 편안한 속도가 있다. 거기에서 너무 벗어나지 않도록 해야 한다.

또한 그와 다르게 감정적으로 슬프거나 안타까운 이야기를 할 때에는 속도가 느려질 것이고, 기쁘거나 화난 이야기를 할 때는 속도가 다소 빨라진다. 그러한 부분까지 고려해서 원고의 시간을 책정해야 한다.

특히나 정해진 시간과 동시에 마이크를 꺼버리는 경우라면 더욱 세심하게 신경 써야 한다.

만약 1분이라는 시간제한을 뒀다면 50초 분량의 연설문을 만들어 연습하는 것이 좋다. 왜냐하면 인사를 하거나 박수를 받게 되는 등의 상황으로 인해 10초 정도의 여유를 갖고 있는 게 안정적이다.

나의 경우

2분 연설에는 1분 45초 분량으로
3분 연설에는 2분 40초 분량으로
5분 연설에는 4분 30초 분량으로 맞춘다.

5분에서는 왜 이렇게 30초나 되는 많이 시간을 주었냐면 연설 도중에 청중과 호흡해야 하는 시간이 존재하기도 한다. 가령 청중들이 웃을 때는 웃을 수 있는 시간을 줘야 하고 청중들이 함께 공감해서 아파하거나 슬퍼하면 약간의 침묵으로 마음을 쓰다듬는 시간을 줘야 한다.

 생각해보라. 관객들은 웃고 있는데 다음 연설하기 바쁘다면 얼마나 인색한 연설이 되겠는가? 그래서 약간의 여유시간은 필요하다.

 이렇게 글만으로는 1분 분량에 대해 이해하기 어려울 수 있다. 적정 속도에 맞게 50초 분량의 이야기를 구성해보겠다.

<50초 분량의 대본>

"안녕하세요? 이 글을 읽어 주시는 독자님들께 감사 인사드립니다. 연설문 쓰는 게 생각보다 많이 어렵죠? 하지만 글은 이렇게 인내의 과정을 거쳐 갈수록 실력이 진화합니다. 말하기와 글쓰기는 선거에서뿐만 아니라 성인이 되어서도 많이 필요합니다. 상사에게 보고를 잘 하지 못해서 스트레스를 받는 직원, 오해 관계를 잘 해결하지 못해서 고통을 받는 사람, 지금 제 주변에서도 어렵지 않게 볼 수 있는 현상입니다. 이런 인내의 과정을 거쳐서 이겨 나갈 때 당신의 해결력은 보다 빨라질 것입니다. 이것이 선거를 연습하는 한 과정이라고만 생각하지 마시고 삶에 날개를 달아가는 과정이라 여겨주세요. 당신의 삶을 응원합니다."

읽을 때마다 몇 초간의 차이가 날 수는 있지만 나의 속도로는 거의 50초에 맞게끔 만들어졌다. 같은 내용을 한 여학생에게 부탁을 해 읽어보라고 요청했는데 52초가 나왔다.

A4용지 10포인트로 약 7줄이며 총 245글자다.

여기서 처음에 나와서 허리 숙여 인사하고, 박수 받는 시간을 합하면 거의 10초가 추가로 나올 것이다.

유의해야 할 점은 보통의 경우 연단 앞에 서면 긴장이 되어서 말이 빨라진다는 점이다. 이럴 경우에는 3분 분량의 원고를 준비해 가도 빨리 읽고 내려와 버리기 때문에 시간이 많이 남아버릴 수 있다. 적정시간에 맞춰서 연고를 작성했다면 그에 맞게끔 연설 연습을 많이 하는 것 역시 중요하다.

원고는
읽기 편하게

　　　　　　　　　　한 대학원생으로부터 연락이 왔다. 발표수업을 하는데 본인은 그런 걸 제대로 해본 적이 없어서 두렵다는 것이다. 그래서 직접 만나게 되었다. 나는 먼저 준비한 발표 원고를 보여 달라고 했다. 순간 서로 당황했다. 발표 원고가 모두 반말로 적혀있었던 것이다. 물론 그 대학원생은 실제로 발표할 때에는 청중에게 높임말로 발표할 계획이었다.

 자신이 발표를 하고 연습하는 원고는 그렇게 적어서는 안 된다. 연습할 때도 마찬가지로 실전과 똑같은 대본을 가지고 해야 한다. 더 나아가서는 발음이 어려운 부분이 있다면 최대한 같은 뜻을 지닌 다른 단어가 있는지도 알아봐야 한다. 또한 호흡을 고려해서 작성해야 한다.

이런 문장이 있다고 가정해 보자.

"여러분! 저의 공약은 자전거 지붕 보관대 설치입니다. 저는 평소 자전거를 자주 타고 다니는데 비가 올 때면 자전거가 비에 맞아 체인이 녹이 슬거나 축축해지기 일쑤라서 이런 자전거 거치대가 필요하다고 늘 생각하게 되어 공약으로 걸게 되었고 마찬가지로 다른 학생들의 여론을 수렴한 결과 저만이 아닌 다수가 원했기에 이것은 절실히 우리에게 필요하다고 봅니다."

이 글은 호흡을 고려하지 않고 작성되었다. 그래서 듣는 사람이 답답함을 느낀다. 말하는 사람도 힘들다. 원고를 작성하다 보면 간혹 이런 오류를 범하는 사람들이 있다.

가급적 문장은 짧게 써야 한다. 위의 문장을 수정해 보겠다.

"여러분! 자전거 지붕 보관대를 설치하겠습니다. 저는 평소 자전거를 자주 타고 다닙니다. 비가 올 때면 자전거가 비에 맞아 체인이 녹슬거나 안장이 축축해지기 일쑤입니다. 여러분들의 소중한 자전거 이대로 두시겠습니까? 이러한 생각은 저 뿐만이 가진 게 아니었습니다. 여론 수렴한 결과 다수 학생들의 바람이 있었습니다. 이 의견을 학교에 적극 건의해 이루어 내겠습니다."

전체적으로 문장을 짧게 구성했고 불필요하거나 중복되는 표현들을 없앴다. 연설에서 3분~5분이라는 시간은 짧기도 하지만 길기도 한 시간이다. 불필요한 문장을 최대한 줄여나가야 하고 호흡을 고려해 짧게 끊어 써야 한다.

웃기는 연설문 작성법

많은 후보자가 희망하는 것 중 하나는 웃기는 연설문을 만드는 것이다. 하지만 어떤 연설문 보다 웃기는 연설문은 초고난이도의 레벨이다.

먼저 웃기는 원리에 대해서 알아야 한다. 우리는 어떨 때 웃음을 터트리는가? 에 대해 크게 다섯 가지로 구성해 볼 수 있다.

반전, 반복, 모방, 과장, 우매

이 다섯 단어의 출처는 대한민국 코미디계의 대부 김웅래 교수의 방송 연예론과 한국 최고의 유머작가 신상훈 교수의 "RE유머가 이긴다." 이다. 두 분 다 나의 스승이다. 송충규 작가의 "유머 작법 가이드"에도 매우 체계적으로 잘 구성되어 있는데 현재는 절판 상태이다.

대략적으로 정리하면 아래와 같다.

반전 = 어떤 상황에 예측하지 못한 결과를 통해 웃음을 주는 기술
모방 = 누군가를 흉내 내거나 따라 하면서 웃음을 주는 기술
과장 = 사실 보다 더 크게 부풀리거나 축소시켜서 웃음을 주는 기술
우매 = 상대방의 우월 심리를 건드려 웃음을 주는 기술
반복 = 어떤 상황의 연쇄적인 반복을 통해 웃음을 주는 기술

유머에 대해서 구체적으로 알고 싶다면 도서 "RE 유머가 이긴다"를 추천한다.

개그 대본뿐만 아니라 연설문에도 이 유머 공식은 적용된다.

반전

흔히 인터넷에 가장 많이 돌아다니는 연설문 중 하나인 "여러분~! 뒤를 돌아보십시오!" 학생들이 뒤를 다 돌아보면 "제가 이렇게 리더십 있는 사람입니다!"라고 하는 것 역시 반전을 활용했다고 볼 수 있다.

그런데 주의해야 할 점이 있다. 들었던 유머를 한 번 더 들으면 별로 웃기

지 않다. 이미 인터넷에 많이 떠돌아다닌 상태라면 다수의 학생들이 그 내용을 알고 있을 확률이 높다. 그렇게 될 경우 웃음이 유발되지 않을 수 있으니 유의해야 한다. 만약 당신이 유머 대본을 완성시켰다면 철저히 보안을 유지해야 한다. 웃기다고 이 친구 저 친구에게 누설했다가 연설 당일 웃음이 안 터질 수도 있으니 말이다.

과장

 어떤 학생이 선거에 출마해서 "여러분! 제가 당선되면 여러분들의 책상에 모두 컴퓨터 한 대씩 다 놓아드리겠습니다. 그래서 온라인 게임을 하며 수업을 들을 수 있도록 만들어 내겠습니다. 학교를 또 하나의 PC방으로 만들겠습니다!"라고 했다고 가정해 보자. 순간적으로 웃길 수는 있지만 누가 봐도 믿지 않을 뻥이다. 이런 과장법은 상대방으로 하여금 신뢰감을 떨어트릴 수 있다. 선거에서는 신뢰가 생명인데 웃기기 위해서 신뢰를 파는 행위를 해선 안 된다.
 그렇다면 수용할 수 있는 과장은 어느 정도일까? 해외에서 한 학생이 나에게 보내온 원고이다.

"저는 못 지킬 약속은 하지 않겠습니다. 비록 제가 학교에 수영장을 두지 못하고, 디메릿(상, 벌점)을 없애고, 급식으로 랍스터를 제공하지 못해도. 지금 이 순간 부회장이 되기 전의 마음으로, 여러분을 위해 봉사하겠습니다."

나는 이 원고를 보고 재미있다는 느낌이 들었다. 왜냐하면 하지 못한다는 전제가 다소 과장된 표현이었기 때문이다. 자칫 신뢰감을 잃게 만들 수 있는 과장법이 진실 됨으로 변화하는 순간이다. 특히 랍스터가 급식으로 나오는 상황이 연상되면서 작은 웃음이 나기도 한다.

모방

 누군가의 성대모사를 하거나 표정, 몸짓 등을 따라 해서 웃음을 줄 수 있다. 개그맨들이 대통령의 성대모사를 하거나 동물을 흉내 내거나 할 때 사람들은 웃는다. 마찬가지로 학교에서도 이런 역할을 하는 친구들이 나타난다. 교장선생님을 따라 하거나 유명 연예인이나, 스포츠 선수, 유튜버의 유행어를 따라 하며 웃음을 주는 친구들도 있다.

 유명하지 않은 사람을 따라 하거나 흡사하지 않으면 웃음이 유발되지 않을 수 있다. 가령 우리 삼촌 성대모사를 한다거나 이웃집 아저씨 성대모사를 했을 때 청중들은 뭐 하는 거지? 라는 반응이 나타날 수 있다. 왜냐하면 청중들은 대상을 모르기에 공감대가 형성되지 않기 때문이다. 또한 유명인을 따라 한다고 따라 했는데 전혀 못 알아볼 정도로 따라 하게 되면 역시 웃음을 유발하는데 실패한다.

 물론 이런 걸로 웃긴 사례도 있다. 한 개그맨이 방송에서 성대모사를 해 보겠다며 아주 굵직한 남자 목소리로 "안녕하십니끄아~~ 피겨선수 김연아입니다아아아~." 전혀 똑같지 않은 성대모사로 웃음을 준 적이 있다. 그러나 이것은 모방이 아닌 반전에 속한다.

 주의해야 할 점은 누군가를 따라 할 때 그 대상에 실례되는 행동을 해서는 안 된다.

 아래는 뽀로로에 나오는 크롱으로 원고를 만들어봤다.

"여러분! 저는 크롱과 같은 존재가 되겠습니다. 왜냐하면 주연인 뽀로로를 더욱 밝게 빛내 주기 때문입니다. 이 반의 주연은 바로 여러분들입니다. 저는 여러분들의 학교생활을 빛내줄 수 있는 멋진 조연이 되고자 합니다."
여기서 크롱의 성대모사를 넣는다.
(크롱~~ 크롱 크롱~~ 크롱 크롱 크롱~~~ 크~~~~로옹!)

 이 내용을 한때 유튜브에 올렸었다. 실제로 많은 학생들이 인용했고 당선된 친구들이 많았다는 연락을 받았다. 이렇게 사람뿐만 아니라 당시 학생들에게 인기가 많은 캐릭터 등을 모방해도 좋다.

반복

 어떤 상황이 한 번이 아닌 여러 번 반복됨으로 인해서 웃음을 유발할 수 있다. 가령 예전에 이런 이야기가 있었다. 자신의 아들을 지극히 사랑하는 부모가 꼭 오래 오래 살라고 이름에 장수하는 이름을 죄다 같다 붙인 것이다.

그 아이의 이름은 바로 "김수한무 거북이와 두루미 삼천갑자 동방삭 치치카포 사리사리센타 워리워리 새프리카 무두셀라 구름이 허리케인에 담벼락 서생원에 고양이 비둑이는 돌돌이"이다.

 부모님은 사람들에게 일러두었다. 이름이 길더라도 꼭 줄여서 부르지 말고 다 부르라고. 그런데 어느 날 이 아이가 자라서 물에 빠져 버린 것이다. 이를 본 하인은 허겁지겁 달려와서 아이가 빠졌다고 이야기를 하는데 그 긴박한 상황에 이름을 모두 다 불러대며 진행하는 스토리에 사람들은 크게 웃었다.

 하인 : 대감~!!! "김수한무 거북이와 두루미 삼천갑자 동방삭 치치카포 사리사리센타 워리워리 새프리카 무두셀라 구름이 허리케인에 담벼락 서생원에 고양이 바둑이는 돌돌이" 가 글쎄 물에 빠졌습니다요!!!!

 부모 : 뭣이?!! 우리 "김수한무 거북이와 두루미 삼천갑자 동방삭 치치카포 사리사리센타 워리워리 새프리카 무두셀라 구름이 허리케인에 담벼락 서생원에 고양이 바둑이는 돌돌이가 물에 빠져?!!"

 만약 이런 반복적인 상황을 원고로 인용하려면 자신의 공약을 쭈욱~~~ 이렇게 나열한 다음 학생들에게 잘 들었는지 물어보고 잘 들었다면 또 다시 공약을 쭈욱~~~ 나열 하면서 이걸 잘 지키겠다고 전할 수는 있을 것이다. 못 들었다고 하면 또 다시 들려주겠다고 쭈욱~~~ 나열하는 방법도 있다. 연기를 할 때에도 리듬과 박자감 있게 해야 재미있을 것이다.

"여러분~ 제 공약은요 친구하고 사이좋게 지내기, 자전거 지붕 설치, 정수기 교체하고, 매점은 리모델링, 화장실에는 따끈따끈~ 온수 사용, 변기통엔 쭉쭉 비데, 자판기는 추가 설치! 농구 골대 그물망 철렁, 겨울철엔 털 실내화, 시청각 실 영화 상영, 학교폭력 없는 우리 학교, 웃음 가득한 우리 학교, 수호천사 멘티 멘토, 옆 학교와 미팅 주선~~~입니다. 모두 잘 들으셨나요? 다시 한 번 말씀드릴게요~ 친구하고 사이좋게 지내기, 자전거 지붕 설치, 정수기 교체하고, 매점은 리모델링, 화장실에는 따끈따끈~ 온수 사용, 변기통엔 쭉쭉 비데, 자판기는 추가 설치! 농구 골대 그물망 철렁, 겨울철엔 털 실내화, 시청각 실 영화 상영, 학교폭력 없는 우리 학교, 웃음 가득한 우리 학교, 수호천사 멘티 멘토, 옆 학교와 미팅 주선~~~입니다. 헉헉... 이제 제 공약... 모두 기억하시겠죠? 예!? 못하시겠다고요? 아~!(다시 하려고 하는 척 하다가) 여기까지 하겠습니다. 한 번 더 하면 싫어할 것 같아서요 아무쪼록 여러분들이 원하는 모든 희망사항에 대해서 적극적으로 이루어 낼 수 있는 전교 회장이 되겠습니다!"

 대략 이렇게 활용해 볼 수 있다. 과거에 수다맨이 지하철 노선도를 다 외우며 사람들에게 웃음을 준 적이 있었다. 어떻게 저걸 다 외워왔지? 라는 생각에 웃음이 날 수는 있다. 다만 지나친 반복은 불편함을 줄 수 있기 때문에 적당한 선에서 끊어 낼 수 있어야 한다. 또한 연기력이 많이 요구되므로 코미디 연기에 자신이 없다면 썰렁한 분위기를 만들어 낼 수 있으므로 주의해야 한다.

우매

 우리는 누구나 우월 심리를 갖고 있다. 내가 상대보다 더 잘난 점을 과시하고 싶은 마음이 본능적으로 생긴다. 그리고 거기서부터 오는 상대적 우월감으로 인해 웃음이 유발된다. 바보 캐릭터를 연기한 개그맨들이 오랫동안 인기를 끌었던 것도 이 비법이다.

 그렇다고 해서 선거 연설에서 바보연기를 하라는 뜻은 아니다. 나를 낮추고 유권자를 높여준다면 박장대소는 아닐지라도 미소를 안겨다 줄 수 있다.

 한 여학생의 별명이 '소똥'이었다. 이름 중간에 '소'자가 들어가서 붙여진 별명이었다. 보통의 경우 이런 별명이 지어지면 기분 나빠서 싸우거나 원수가 되어버릴 수도 있다. 하지만 이 친구는 자신의 그 '소똥'을 역으로 이용해서 선거 연설문을 만들었다. 바로 여러분들의 거름이 되겠다고 표현한 것이다. 그 친구는 선거에서 당선되었다.

 이 역시 우매에 해당한다. 나를 소똥에 비유해서 낮춘 것이다. 그런데 유의해야할 점이 있다. 나를 낮추는 건 괜찮지만 상대방을 까 내리면서 연설을 하면 그 화살이 결국 나에게 돌아올 수 있음을 명심해야 한다.

이름 개그 연설문 작성법

　유튜브에 영상을 올리고 가장 많은 유저들에게 사랑받은 연설문이 이름 개그 연설문이었다. 신은경이 열심히 일하려고 운동화 신은 경? 신은경은 도대체 언제 쉬는 경? 으로 제작된 영상에 수많은 댓글이 달렸다. 자기 이름도 연설문으로 만들어 달라는 요청이었다. 처음에는 정성껏 만들어 올리다가 나중에 수가 너무 많아져서 제대로 올릴 수가 없었다.

　연설문과 적절하게 조화를 이루는 이름은 열에 하나를 찾기 어렵다. 나머지는 끼워 맞추기 형식으로 답변을 달았다. 그래도 학생들이 참 좋아한 부분이었다.

　그래서 이번에는 이름 개그 연설문이란 무엇이며 어떻게 만드는지 방법을 이야기하고자 한다.

 이름 개그 연설문은 PUN 유머를 응용해서 만든 것이다. FUN이 아닌 PUN이다. 동음이의어를 활용했다고 보면 된다.

 내가 PUN 유머를 학문적으로 접한 것은 20살 때였다. 당시 KBS 방송국과 서울 대학로를 오가며 공채 코미디언의 길을 준비하고 있었다. 그런 와중 한국 코미디계의 대부 김웅래 교수님을 뵙게 되었고 깊이 존경하여 따르게 되었다. 교수님께서는 평상시에도 늘 PUN 유머를 활용하셨다.

 한날은 함께 횟집에 갔었는데 새우가 나왔다. 나는 동료들에게 새우 알레르기가 있어서 먹지 못한다는 이야기를 했다. 그 소리를 곁에서 들은 교수님께서는 "채군, 귀를 쫑긋 세우고 새우를 먹으면 돼"라고 말씀하셨다. 횟집 사장님은 크게 웃으며 "어머나! 개그맨 하셔도 되겠어요." 하고 이야기 했다.

 그 자리에 앉아 있던 사람들이 그 소리에 다시 박장대소를 했다. 왜냐하면 김웅래 교수님은 한국 코미디 프로그램을 처음으로 만들었고 30년간이나 공채 코미디언을 뽑아온 심사위원이었기 때문이다. 우리가 흔히 아는 유재석이나 정형돈, 강유미, 김원효 등등 이런 수백 명의 개그맨들을 직접 뽑고 교육까지 시키셨다. 또한 전설의 프로그램 유머일번지의 PD로도 유명하다. 그런 분에게 개그맨 해도 되겠다는 이야기가 우리들에게는 엄청 웃기게 들린 것이다.

그렇게 시간이 지나고 나는 다른 길을 선택하게 되었다. 학창시절 '왕따'였던 경험이 끝내 사범대학교로 이끌었고 이후 다시 군대에 다녀왔다. 그러던 어느 날 대구 지하철에서 신상훈 교수님을 만나 뵙게 되었다. 당시 내 눈을 의심했다. 서울 지하철에서 만나도 놀랄 상황인데 대구 지하철에서 만나 뵙다니!!! 김웅래 교수님이 대한민국 최고의 PD라면 신상훈 교수님은 대한민국 최고의 작가이다. 두 분이서 같이 일을 하실 때가 많다. 마찬가지로 신상훈 교수님 역시 공채 코미디언의 심사위원이셨다. 나는 놀란 마음에 천천히 다가가서 인사를 드렸다. 신상훈 교수님은 나에게 어디서 내리는지 물으셨다. 아양교역에서 내린다고 답했다. 그리고 다시 질문하셨다. "세상에서 가장 애교가 많은 종교가 어딘지 아니?" 아무리 생각해봐도 뭔지 잘 감이 오지 않았다. 그러자 교수님께서는 '아양교'라고 말씀하셨다. 그 자리에서 즉석 해서 유머 퀴즈를 만드신 것이었다. 그리고 나에게 항상 희망을 잃지 말라고 말씀하셨다. "봐봐 저기에도 희망이 있잖니" 교수님께서 손가락으로 가리킨 곳에는 '희망 배달'이라는 글씨가 지하철 광고판에 크게 적혀 있었다.

이후로 한참 동안 PUN 유머를 만드는 방법에 대해 공부했다. 매일 이 단어는 어떻게 만들 수 있을까?에 대한 물음으로 생활했다. 그리고 이게 평소 내가 관심 있었던 선거 연설문으로 응용하게 된 것이다.

PUN 유머는 나의 스승님께서 오랜 기간 연구하신 분야이다. 그런데 내가 책을 출간한다고 스승님께 배운 지식을 너무 많이 인용해버리는 건 예의에 어긋나는 것이라 생각한다.

그래서 일부분만 연설 원고로 적용해서 어떻게 만드는지 방향을 제시하고 나머지는 신상훈 교수님의 저서를 통해서 더 학습해 나가길 권유 드린다.

발음의 유사성을 활용하라!

 이름을 여러 번 읽다 보면 답이 나올 때가 있다.
 빠르게도 읽어보고 느리게도 읽어보고 발음을 굴려서도 읽어보고 다양하게 소리 내어 읽어 보라. 여기서 중요한 점은 바로 '소리 내어' 읽어 본다는 점이다.

< 지현 >

"여러분! 바이올린에서 가장 낮은 음을 내는 선은 G현입니다. 가장 낮은 자세로! 가장 낮은 곳의 소리까지 듣는 회장이 되겠습니다."

< 요한 >

"여러분! 우리 학교에는 요한이가 꼭 필'요하니!'저를 꼭 찍어주시기 바랍니다."

< 윤환 >

"여러분들과 함께 저 윤환이가! 유난히 좋은 학교를 만들어 가겠습니다!"

때론 외국어로 변형될 수 있다!

이름을 발음대로 읽었을 때 우리나라 언어가 아닌 외국어의 의미를 갖게 되는 경우도 있다.

< 이예설 >

"안녕하세요~ 반갑습니다. 반장 선거에 출마한 이예설입니다. 저는 언제나 여러분들의 요청에 yes 맨이 되겠습니다. 여러분들이 필요한 일이 있다면 언제든 예! 하며 달려갈 것입니다. 그래서 제 이름마저도 이예~~썰(yes~~~sir)!입니다."

< 이다해 >

안녕하세요? 반장 선거에 출마한 이다해입니다. 저는 여러분들에게 보여드리기 위해 중국어 성대모사를 준비했습니다. 부끄럽지만 한번 보여드리겠습니다.

안녕 반갑다해~~ 내 이름은 이다해 이다해~~ 여러분들이 저를 뽑아주면 정말 고맙겠다해~
그런데 조금 민망하다해~~ 그만 해야 할 것 같다해~~~ 여러분들이 즐거워할 수 있는 일이라면 늘 용기 내는 반장 이다해가 되겠습니다. 여러분들이 필요로 하는 일은 다~~~ 하는 다해! 이다해를 꼭 기억해 주십시오.

사투리로 변형되는지 살펴보라!

< 조유 >

성이 조 씨고 이름이 유인 경우이다. 충청도 사투리로 변형이 가능하다.
여러분~~ 조유에게 한 표만 줘~~~유 한 표 줄 꺼쥬~~?

< 은경 >

은경은 의외로 참 많이 활용할 수 있다. 앞서 말한 신은경 역시 운동화 신은경, 언제 쉬는경으로 할 수 있을 것이고, 조은경이면 내가 좋은 겨엉? 주은경이면 땅에 떨어진 뭔가를 주은 겨엉? 박은경이면 몇 학년 몇 반에 말뚝 박은경? 이은경이면 친구들과의 사이를 서로 이은 경? 참 다양하게 변신 가능한 이름인 듯하다.

애교 섞인 표현으로도 가능하다!

< 이다영 >

"여러분들과 함께 할 사람은 이다영 이다영~~"

< 정혜정 >

"학생회장은 정혜정으로 정해져엉~~~"

< 최호정 >

"투표함에 기호 2번 최호정으로 채워죠옹~

< 박가영 >

"여러분 박가영이와 함께 학교를 확! 바까영!"

< 이새하 >

"여러분! 이 새하가 밤을 새하서라도 맡은 일은 다 해내겠습니다."

이름의 마지막 글자를 주시하라!

< 우로 끝나는 이름 >

한국의 소는? 한우
미국의 소는? 카우
여러분들을 위해 일할 소는? OO우

< 환으로 끝나는 이름 >

환은 우황 청심환과 같이 어떤 약으로 표현 될 수 있다.
가령 이름이 지종환이면
좋은 정책으로 학생들의 힘을 불끈 불끈 솟게 해줄 알약!
바로 지종~~환

< 주로 끝나는 이름 >

주는 '술' 의미를 풀어서
어른들이 좋아하는 술은? 소주
아이들이 좋아하는 술은? 감주
그렇다면 학생들을 위해 열심히 일할 술은? 김형주

< 선으로 끝나는 이름 >

 나라를 지킨 배는? 거북선
 학생들을 지킬 배는? 김미선

< 수로 끝나는 이름 >

 수는 '물' 의미를 풀어서
 학생들이 갈증 날 때 필요한 것은! 김민수

< 규로 끝나는 이름 >

 규로 끝나는 이름은 ~했다규~ 있다규~ 이런 애교 섞인 형태로 쓰일 수도 있다.
 여러분들 곁에는 민규가 있다규~~!

끊어 읽기!

 이름을 끊어 읽었을 때 의미가 부여되기도 한다. 대학교 다닐 때 이름이 조하늘이라는 친구가 있었다. 여학생이었는데 어느 날 친구들과 모여 있을 때 그녀에게 소리쳤다. 하늘아!! 나는 네가 참 좋아!!! 그녀는 당황했다.

그리고 다시 말했다. "늘~~~ 좋아!!! 늘~~~~ 좋아 늘" 이렇게 끊어 읽었을 때 조하늘이 '좋아 늘~'로 만들어 질 수 있다.

 반장 선거 출마를 희망 한 학생 중에서는 진동현이라는 친구가 있었다. 앞의 이름인 진동이라는 의미를 살려서 "여러분~! 항상 여러분들 앞에만 서면 매너 모드가 될 후보! 진동~~ 현입니다."

응용하라!

 동음이의어가 완성되었으면 그것을 연설문과 서로 어울리게 만들어야 한다. 전혜린 학생의 연설문 예시를 살펴보겠다. 전혜린이라는 이름을 여러 번 읽어봤을 때 "저 내린"이라는 표현이 나온다. 하지만 이것만 가지고는 원고가 될 수 없다. 내가 어디선가 내렸다는 의미가 포함되는 스토리를 구성하는 것이다.

 "얼마 전 버스에서 한 이상형의 남성을 봤습니다. 그래서 제가 뭐라 그랬을까요? 제 이름은 전혜린인데요... 두근두근 저 이번 정거장에 내려요. 남학생은 아무런 반응이 없었습니다. 그래서 크게 외쳤습니다. 저 전혜린인데요 저 내린 다고요! 전혜린이 저 내린 다고요.

 하하 농담입니다.

저에게 있어 그 멋진 사람은 여러분들입니다! 여러분들을 대할 때 항상 첫사랑 대하듯 소중히 여기는 후보! 때랭때랭 이번 역 OO중학교에서 첫사랑에게 말합니다. 전혜린이 저 내립니다. 여러분들이 투표로 저의 손목을 꼭 잡아주십시오.

 대략 이런 형태로 구성해 볼 수 있다. 다만 이러한 연설문은 연기력이 많이 좌우되므로 후보자가 발랄하게 하면 살릴 수도 있지만 축 처진 모습으로 읽으면 다소 어색한 연설문이 될 수 있다. 그래서 자신이 소화할 수 있는 원고로 만들어야 한다.

 또한 마지막에는 결국 나를 뽑아달라는 명확한 메시지가 전해져야 한다.

삼행시
잘 짓는 법

선거에서 삼행시가 일반적인 시와 다른 점이 있다면 문장 안에서 나를 뽑아달라는 메시지가 들어가야 한다는 것이다. 만약 선거 벽보에 쓰일 시라면 시인성 확보를 위해 짧아야 한다. 연설문에 쓸 경우에는 그것보다 길어도 관계없다.

먼저 해야 할 것은 자신의 성과 이름으로 시작하는 단어를 찾아야 한다.

우선 내 이름으로 하나 지어 보겠다.

먼저 '채로 시작하는 단어'라고 네이버에 검색하니 뜬 것들은
채소, 채널, 채점, 채권, 채비, 채우다, 채다, 채반, 채찍, 채색과 같은 단어들이 있다.

여기서 내가 눈에 띄는 단어는 채소, 채널, 채우다, 채찍이다.

그리고 '진으로 시작하는 단어'에는
진하다, 진짜, 진출, 진행, 진달래, 진동, 진실, 진리, 진통, 진심, 진로, 진단, 진찰, 진급, 진도, 진주, 진국, 진드기, 진 라면, 진작, 진지, 진간장 등이 있다.

그리고 '석으로 시작하는 단어'에는
석유, 석사, 석류, 석양, 석기, 석탄 등이 있다.

유의해야 할 점은 나도 처음 보는 생소한 단어를 활용하는 경우이다. 그렇게 될 경우 공감대 형성에 실패하거나 보는 사람도 이게 뭔 말이지? 하고 의아해하게 된다.
굳이 찾자면 채근, 채구, 채붕, 채긴, 채련 이런 단어들이다. 가급적 유권자들이 떠올렸을 때 바로 알 수 있는 단어를 선별하는 게 좋다.

그렇다면 이러한 내용을 조합해서 작성해 보겠다.

채 : 채찍질해 주십시오!
진 : 진실 되지 못하다면 언제든 매 맞겠습니다.
석 : 석탄처럼 뜨겁게 타올라 재가 될 때까지 열정을 다하겠습니다.

음... 이건 뭔가 긴 것 같다.

채 : 채진석에게 투표해주십시오.
진 : 진짜 궁극기를 보여드리겠습니다.
석 : 석양이 진다~~ 탕탕탕! (오버워치 맥크리 패러디 버전)

이건 뭔가... 빠진 메시지가 있는 것 같다.
그래서 삼행시 아래에다가 공간이 있으면 이런 메시지를 추가해줘도 좋다.
'학생들을 위해 모든 열정을 쏟을 학생회!'

그렇다면 이건 어떨까?

채 : 채찍질해 주십시오!
진 : 진석이는 달리겠습니다.
석 : (썩) 잘생기진 않았지만 일은 잘합니다.

마지막에 잘생기지 않았다는 부분에서 '우매'를 활용했기에 약간의 웃음이 날 수는 있다.
하지만 주의해야 할 점은 진짜 채찍으로 두들겨 맞을 수 있기에 유의하자.
간혹 문자 그대로 받아들이는 학생들이 나타나서 피곤하게 할 수 있다.

 나에게 이 세 개 중에 하나 고르라면 오버워치를 패러디한 삼행시를 선정할 것 같다. 그렇게 되면 벽보를 제작하게 될 때에도 오버워치 느낌이 나는 배경에 궁 게이지가 100% 다 차여져 있는 형상으로 구성해 볼 수 있을 것이다. 물론 다른 것도 마찬가지로 석탄이 뜨겁게 타오르거나 채찍질을 가하는 이미지를 담을 수 있다. 그렇듯 벽보를 제작하게 될 때에는 가능하다면 안에 나오는 의미와 연동해서 구성하는 것이 좋다. 그렇게 된다면 학생들에게 더욱 각인될 것이다.

그런데 나의 성씨인 채씨는 많이 있는 성이 아니다. 그렇다면 우리나라에서 가장 많은 성씨 중 김, 이, 박, 최, 정으로 하나씩 만들어 보자.

김 : give me!(깁 미) 한 표를!
정 : 정~~말 열심히 할 후보!
현 : 현재 당신 앞에 있습니다.

이 : 이름을 불러주신다면
다 : 다람쥐같이 재빨리 움직이겠습니다.
지 : 지금 마음을 정해주세요. 이.다.지

박 : 박수 받을 수 있도록
항 : 항상 노력하겠습니다.
서 : 서로 함께 이끌어 가는 학생회!
   여러분이 주인입니다.

최 : 최고로 멋진 여러분!
은 : 은~~제나 여러분을 위하는 길이라면

비 : 비가 와도 눈이 와도 달리겠습니다.
("은제나"는 언제나를 사투리로 변형시킨 것이다.)

여러분을 위하는 일이라면!

정 : 정면 돌파하겠습니다.
용 : 용기를 잃지 않겠습니다.
기 : 기대해주세요. 00학생회

대략 이렇게 구성해 보았다. 쉽다고 생각하면 쉬울 수도 있고, 어렵다고 생각하면 어려울 수도 있을 것 같다. 사전을 펼쳐놓고 단어를 찾아 여러 가지 경우의 수를 조합해 보면 문장이 완성된다.

비유를 통한
연설문 작성법

　　　　　　　　　　대상이나 상황에 비유법을 활용해 원고를 작성할 수 있다. 비유법을 잘 활용하기 위해서는 특징을 관찰해야 한다. 만약 오버워치를 통해서 원고를 작성한다고 가정해보자. 각 캐릭터 별로 특징을 파악해야 하고 그 특징을 나와 연관시켜 비유해야 한다. 라인하르트 같은 경우 방패를 들고 외부의 공격으로부터 구성원들을 지킨다. 하지만 이런 특징만 이야기해서는 연설 원고가 될 수 없다.

"여러분! 오버워치의 라인하르트는 튼튼한 방패가 있습니다!"

　이렇게만 이야기하면 청중들은 "그래서? 갑자기 그게 왜?"라는 반응이 나올 수 있다.

"여러분! 오버워치의 라인하르트는 튼튼한 방패로 팀원을 지켜줍니다! 저는 이 불사의 방패가 되어 여러분들을 지켜드리겠습니다."

이렇게 연관 지어줄 때 설득력을 가진 문장이 완성된다.

마찬가지로 트레이서는 "빨리 움직입니다!" 가 아닌 "여러분들의 요청에는 트레이서처럼 빨리 움직이는 전교 회장이 되겠습니다."라고 구성해야 한다.

때론 연설문 작성자는 시인이 되어야 한다. 평소 잘 관심을 가지지 못하고 무심코 지나간 것들을 비유하면 문장이 더 아름다워질 수 있기 때문이다.

우리가 어떤 유적을 관찰할 때 전체적인 것을 보고 웅장하다거나 멋있다! 라고 생각할 수 있다. 그런데 연설문을 작성할 때에는 거기에 묵묵히 박혀 있는 녹슨 나사, 그 무게를 견디면서 갈라진 나무의 결도 바라볼 수 있어야 한다. 그런 것을 찾아내고 비유하는 데서 명연설문이 탄생한다.

아래는 아버지의 손과 관련된 비유 연설문이다.

"저희 아버지 손에는 일하시다 다치신 큰 상처가 있습니다. 저는 어렸을 때부터 이 상처를 보고 자라며 희생에 대해 생각해 볼 수 있었습니다. 사람들은 아버지의 흉터를 보고 끔찍해하거나 혐오스러워하기도 하지만 저에게 있어서 필기구와 책을 사다 주시는 고마운 손이랍니다. 이런 아버지의 손과 같은 반장이 되고 싶습니다. 남들이 봤을 때 미련해 보이고 인정받지 못하는 상황이 생기더라도 우리 반을 위하는 일이라면 묵묵히 해 나갈 수 있는 존재가 되겠습니다."

비유하라! 연설자는 때론 시인이 되어야 한다!

경험을 통한
연설문 작성법

내가 가장 권유하고 싶은 원고는 경험을 통한 연설문이다. 비유 역시 원고에서 적절히 활용해야 하지만 오로지 비유만으로 되어 있는 연설문은 남들이 베껴가기 쉽다. "아버지의 손"과 같은 연설문은 비유법이라도 경험이 들어가 있다. 하지만 뽀로로나 오버워치 등 자신의 경험과 관련 없이 비유된 연설문은 나 아닌 다른 사람이 해도 능히 해낼 수 있는 연설문이다. 이렇게 되면 경쟁력이 떨어지게 된다.

경험을 통한 연설문은 말 그대로 본인의 경험을 이야기하는 것이다. 힘들었던 점, 불편했던 점, 고마웠던 점, 기뻤던 점, 즐거웠던 점 등 이러한 이야기가 녹아져 원고가 된다. 그럴 때에 청중들에게도 연설자가 당시 느꼈을 감정이 간접경험으로 전해진다.

아래는 전학 온 학생의 반장 선거 연설문이다.

안녕하십니까? 반장 선거에 출마한 OOO입니다. 저는 3학년 때 우리 학교로 전학을 왔습니다. 새로운 친구를 사귀어야 한다는 마음에 처음에는 걱정이 많이 되었습니다. 하지만 따뜻하고 좋은 친구들이 많이 있었고 학교에 잘 적응할 수 있었습니다. 친구들에게 고마운 마음이 듭니다. 제가 선거에 출마한 이유는 이 고마움에 보답하기 위해서입니다. 두려웠을 때 손을 내밀어 주었던 친구들처럼 언제든지 여러분들의 편에 서서 봉사하는 반장이 되겠습니다.

이 친구는 자신이 전학 왔었던 경험을 통해 원고를 작성했다. 이러한 원고는 절대 어디서 베껴왔다는 생각을 할 수가 없다.

노무현 대통령의 초등학교 전교 회장 연설문 역시 경험으로 이루어져 있다.

"저는 흉년 들면 까마귀도 먹을 것이 없어서 울고 가는 깊은 산골에서 태어났습니다. 저는 앞으로 여러분의 봉화지기가 될 것입니다. 능력이 닿는 대로 최선을 다할 것입니다. 여태껏은 가난뱅이라는 놀림만 받아도 주먹부터 앞세운 사고뭉치 우등생이었습니다. 제 별명은 돌콩입니다. 작지만 단단하게 생겼다고 해서 붙은 별명입니다. 여러분을 위해 최선을 다할 수 있는 기회를 주십시오! 그래서 제가 돌콩이 아닌 풋콩이 되지 않도록 도와주십시오! 이 자리에서 하는 모든 약속은 여러분께 하는 것이 아닙니다.

바로 제 자신에게 똑바로 들으라고 하는 소리입니다. 저는 작은 고추가 맵다는 것을 반드시 보여드리겠습니다! 저를 믿어주십시오!"

 누군가 이 연설문을 베껴가고자 한다면 가난하고 깊은 산골에서 태어나야 할 것이며, 사고뭉치 우등생이었던 과거가 있어야 할 것이다. 또한 돌콩이라는 별명도 지니고 있어야 한다. 이 세 가지 조건이 모두 들어맞는 학생이 한 학교에 또 있을 확률은 0%에 가깝다. 결과적으로 경험에 의한 연설문은 남이 베껴가지 못한다.

 이 연설이 끝난 뒤 운동장에 모인 500여명의 학생들은 모두 숨을 죽이면서 들었고 큰 박수가 터져 나왔다고 한다. 그리고 학생회장에 당선된다.

 만약 특별히 학생들에게 이야기할 소재가 없다고 느낄 수도 있을 것이다. 그런데 평범한 일상도 자세히 들여다보면 좋은 이야깃거리가 될 수 있다.

 2014년도에 대구에 있는 한 중학교에 2주간 국어 수업을 간 적이 있었다. 본래 계시던 국어선생님께서 사정이 생겨 대신 수업을 간 것이다. 그때 한 학생이 나에게 연락처를 받아 갔다. 서로 SNS 친구가 되어 지내다가 그 친구가 고3이 되었을 때 나와 만나게 되었다. 오랜만에 만나서 서로의 근황을 물었다. 그 친구는 특성화 고등학교에 진학하게 되었고 샤니 회사에 실습을 다녀왔다는 것이다. 나는 그때 이야기했다. "그래? 앞으로 편의점에 가면 샤니 빵만 사 먹어야겠네!" 그리고 그 친구가 좋아하는 PC방에 가서 함께 오버워치를 하고 헤어졌다.

나는 그 친구에게 다음에 면접 볼 때 자기소개서에 이런 문구를 써 보라는 제안을 했다.

"고3 때 샤니 회사에 실습을 갔었습니다. 그것을 들은 중학교 다닐 때 국어 선생님께서는 편의점에 갈 때면 늘 샤니 빵을 먼저 고른다고 하십니다. OO사에서 제가 맡게 될 소중한 일 하나하나가 좋아하는 사람, 사랑하는 사람, 존경하는 사람에게 전해진다고 늘 생각하는 사원 OOO이 되겠습니다."

이 이야기는 왕따를 극복했거나, 가난과 맞서거나, 다문화 가정의 자녀로서 사회적 편견과 부딪치는 특별한 경험을 이야기하는 것은 아니다. 하지만 이런 일상적인 스토리에도 의미를 부여할 수 있다. 만약 그 친구가 대학교에서 학과 대표 선거에 출마한다면 어떻게 원고를 풀어나갈 수 있을까?

"고3 때 샤니 회사에 실습을 갔었습니다. 그것을 들은 중학교 다닐 때 국어 선생님께서는 편의점에 갈 때면 늘 샤니 빵을 먼저 고른다고 하십니다. 그 말씀이 저에겐 크게 와닿았습니다. 내가 속한 곳에서 살아가는 삶 하나하나가 좋아하는 사람, 사랑하는 사람, 존경하는 사람에게 전해진다고 느꼈기 때문입니다. 만약 제가 대표가 된다면 우리를 사랑하는 모든 사람에게 보답할 수 있는 학과를 만들어 내겠습니다. 어렵게 등록금 내어서 보내주신 부모님! 열심히 가르쳐 주시는 교수님! 이런 모든 사람들이 보람되다 느낄 수 있도록 우리가 지금 여기서 행복한 OO학과를 만들겠습니다."

학생회장 당선 연설문 분석

해당 연설문은 내가 학창시절 실제로 썼던 원고이다. 이 원고를 토대로 분석해 보는 시간을 가지고자 공개한다.

"안녕하십니까?" 학생회장 선거에 출마한 3학년 3반 채진석입니다. 제가 좋아하는 연예인 강성범씨의 인터넷 카페에 들어가 보면 메인 문구로 이런 말이 나옵니다. "지구의 평화를 지키는 수다맨!" 제가 여기 나온 이유는 바로 우리 학교의 평화를 지키는 수다맨이 되고 싶어서입니다. 언제든지 학생들이 불편해하는 상황이나 학교에 건의되는 많은 사항들을 거침없이 잘 나불거려 그것들을 이루도록 최선을 다하는 바로 그 수다맨이 되고 싶어서 이 자리에 섰습니다.

 여러분 조금 추상적인 이야기일지는 모르지만 만약 제가 학생회장이 된다면 왕따와 폭력을 해결하는데 최대의 전력을 쏟겠습니다.

저는 1학년 때 제 성격상의 문제로 왕따였습니다. 체육시간은 저에게 있어서 너무도 긴 시간이었고 수학여행 때는 어느 조에도 끼이기가 힘들었습니다. 그래서 왕따가 얼마나 고통스러운지는 피부에 와닿습니다. 하지만 주위의 훌륭하신 선생님들과의 상담을 통해 왕따를 극복하고 2학년 때는 반장이 되어서 여러분들의 자리에 앉아 있었습니다.
 제가 만약 학생회장이 된다면 제 경험을 토대로 왕따와 폭력을 예방하고 또 해결하는 데 최선의 노력을 다할 것입니다.

 두 번째로 제가 만약 학생회장이 된다면 여러분께서 건의하신 상황에 대한 결과를 반드시 통보해 드릴 것입니다. 저는 작년 대의원 회의에서 강당에 음료수 자판기를 설치해 달라, 그리고 학교 축제 때 홍보를 가자고 건의하였습니다. 하지만 건의사항에는 올라가도 그 건의가 왜 안 되었는지 그리고 학생 부장 선생님과 교장 선생님께서 그 건의에 대해서 무슨 말씀을 하셨는지 알 수가 없었습니다. 그래서 반드시 여러분께서 건의하신 사항에 대한 결과를 통보해 드릴 것이며 안 되면 왜 안 되었는지 교장선생님과 교감선생님 학생 부장 선생님은 그 건의에 대해서 무슨 말씀을 하셨는지에 대해 여러분들께 통보해 드릴 것입니다. 여러분 조금 건방진 이야기일지는 몰라도 저는 총무 부실장 실장 학생회 부회장 2번의 경험이 있습니다. 그래서 그 위치에 있는 자리가 어떤 불편함이 있는지 무엇이 바뀌어야 하는지 감히 실감이 납니다. 존 F. 케네디 전 미국 대통령이 연설에 했던 말입니다. 자, 미국 국민 여러분, 조국이 여러분을 위해 무엇을 할 수 있는 것인지 묻지 말고, 여러분이 조국을 위해 무엇을 할 수 있는지 자문해 보십시오. 이 말을 제가 허락도 없이 잠시 빌리겠습니다.

자. 대의원 여러분, 학교가 우리들을 위해 무엇을 할 수 있을 것인지 묻지 말고, 우리들이 학교를 위해 무엇을 할 수 있을지 스스로 물어봅시다. 그리고 저는 그 의사를 잘 반영하기 위한 학생회장이 되고 싶습니다.

 마지막으로 이 선거에서 떨어져도 학교에 봉사하는 마음을 잃지 않을 것이며 학생회장과 부회장이 되는 학생에게 진심으로 축하의 말을 전할 것입니다. 그리고 지겹지만 제 연설을 들어주신 여러분들께 진심으로 감사합니다.

 많은 학생들로부터 이 원고의 기본 뼈대를 인용해서 재구성해 당선되었다는 소식을 접했다. 어떠한 원고를 봤을 때 '아! 이렇게 만들면 내 것으로 가지고 갈 수 있겠다.' 라고 바로 감이 오는 사람도 있겠지만 그렇지 않은 사람도 있을 것이다. 그런 분들을 위해 조금 더 구체적으로 이야기하겠다.

 이 원고의 서두는 학생들의 관심사를 반영했다. 요즘은 개그콘서트가 폐지된 상황이지만 당시만 해도 전성기를 맞을 때였다. 더욱이 내가 개그맨 강성범씨와 닮았다는 이야기를 많이 들었던 터라 인용한 것이다. 처음에 청중들의 집중력을 끌어들이기 위한 장치였다.

 다음으로 나오는 문장은 학교폭력 이야기이다. 처음에 학생들이 웃었다면 갑자기 분위기가 숙연해지는 순간이다. 그리고 공감을 일으키며 학생들의 연설 속으로 빨려 들어온다. 실제로 유권자였던 학생들을 만났을 때 "채진석 선배가 연설할 때는 모두가 숨죽여 들었다."라는 표현을 했다. 그 이유가 내용 자체가 몹시 자극적이기 때문이다. 그냥 '학교폭력을 없애겠습니다!'라고만 주장하거나 '학교폭력은 나쁜 것이다.'라고 이야기했다면 청중들에게는 별로 듣고 싶지 않은 연설이 될 수 있다. 하지만 내가 피해를 입었다는 내용과 그때 느꼈던 나의 마음을 기술하니 청자로 하여금 집중력을 이끌어 낸 것이다.

 그래서 자신이 아팠던 이야기 누구에게도 하지 못했던 이야기를 원고에 담으면 사람들은 본능적으로 듣고 싶어 하게 된다. 가령 평소에 잘 사귀던 커플이 헤어졌다고 가정해 보자. 많은 사람들은 "뭐 때문에?", "왜?", "누가 잘못했는데?" 등 여러 가지 사유가 궁금할 것이다. 그런데 당사자는 그런 이야기를 하기가 싫다. 다시 돌이키고 싶은 기억이 아니기 때문이다. 그때 이런 이야기를 자세히 하게 되면 청자는 초 집중 상태에 빠져든다.

 혹자는 이를 두고 감성팔이 한다. 이렇게 바라보는 사람도 있을 것이다. 똑같은 상황을 보고도 어떤 이는 어려운 이야기를 꺼내 주었다는 것에 대해 용기 있고 존경스럽다고 느끼는 사람도 있다. 살아가다 보면 한 상황에도 이렇게 다른 견해가 나타난다.

 얼마 전 아주 유명한 개그맨이 방송에 출연해 아내의 우울증 이야기를 한 적이 있다. 나는 그것을 보고 그 개그맨에 대한 존경심이 생겼다. 왜냐하면 남을 웃기는 직업을 가진 개그맨으로서 자신과 가장 가까이 있는 아내가 우울증에 걸렸다는 이야기는 쉽게 하기 어렵다는 것을 알기 때문이다. 인기 정상을 달리던 그가 지금은 가정을 우선시하며 충실히 살아가고 있다. 나는 이 분에게 사람 냄새가 난다. 과거 KBS 개그사냥에 있을 때 이 개그맨을 만난 적이 있다. 가까이할 수 없을 정도로 대선배의 위치에 있었지만 어느 날 공채 개그맨도 아니었던 나의 앞에 다가왔다. 그리고 자신의 개인기인 춤을 추고 홀연히 떠났다. 낮은 사람에게도 따듯하게 대할 줄 알았던 사람인 것이다. 그런데 어느 댓글이나 유튜브 영상을 보면 이에 대해 부정적 견해를 늘어놓는 사람도 볼 수 있다. 사람은 자기가 살아온 방식대로 사고한다. 그렇기에 충분히 다른 견해를 가질 수 있다. 하지만 그 부정적인 댓글을 다시 확인했을 때에는 그 댓글에 대한 좋아요 보다 싫어요가 훨씬 많이 있었음을 확인할 수 있었다.

 모든 사람의 마음을 100% 다 사로잡을 수는 없을 것이다. 선거에서는 다수의 표를 얻은 사람이 당선된다. 만약 자신의 어렵고 힘들었던 경험이 다수인에게 공감을 얻을 수 있다면 충분히 시도해볼 수 있는 자산이다.

 이에 대해 나는 때론 "상처가 스펙이다!"라는 말을 남기고 싶다.

 다시 원고로 돌아가서 다음 내용으로는 공약이 나온다. 공약 역시 내가 경험했던 바대로 나열한 것이고 공약 다음에는 명언을 인용했다. 그리고 마무리 지었다. 원고에는 없지만 마무리 지을 때는 개그맨 강성범씨의 수다맨 성대모사 중 일부를 하고 내려왔었다. 다시 포인트를 준 것이다.

이 원고의 구조를 정리해 보면 다음과 같다.
1. 소개와 흥미를 유발할 수 있는 장치 2. 내가 겪었던 경험에 대한 이야기
3. 공약 4. 명언 인용 5. 마무리 인사

신박한 연설문
만드는 법

많은 학생들이 갖고 싶어 하는 연설문 중 하나는 바로 신박한 연설문이다. 즉 이때까지 누구도 해보지 못한 신선한 연설문 그것을 원하는 것이다. 신박한 연설문을 만들기 위해서는 두 가지 방법이 있다. 하나는 원고의 형식을 깨트리는 것이다. 둘은 새로운 소재를 쓰는 것이다.

형식을 깨트린다는 것은 현대음악에서도 방향을 찾아볼 수 있다. 존 케이지는 피아노 앞에서 4분 33초 동안 침묵한 뒤 공연을 마쳤다. 현대 미술에서는 백남준이나 뒤샹 등이 새로운 변화를 시도했다.

만약 이를 보고 한 학생이 나도 이런 틀과 형식을 완전히 깨부수는 연설을 하고 싶다고 가정해보자. 학생들 앞에 나가서 4분 33초 동안 침묵했다가 나오거나 마이크를 갑자기 번쩍 들더니 그걸로 자신의 머리를 내리치고 어그적 어그적 씹었다고 가정해보라. 학생들이 쉽게 납득하지 못할 것이다.

 그렇다면 가장 무난한 것은 새로운 소재를 활용하는 것이다. 만약 스마트폰을 소재로 원고를 작성했다면 스마트폰이 나오기 이전에는 없었던 원고가 된다. 1600만 관객 수를 기록한 극한 직업에는 이런 대사가 나온다. "지금까지 이런 맛은 없었다. 이것은 갈비인가 통닭인가? 네 수원 왕갈비 통닭입니다."이것을 선거 연설문으로 응용한다면 "지금까지 이런 반장 후보는 없었다. 이것은 노예인가? 머슴인가? 네! 기호 0번 000입니다."여기서 만약 자신의 별명이 있다면 뒤에 함께 갖다 붙여도 좋다. 별명이 멧돼지라고 가정한다면 "이것은 노예인가? 머슴인가? 멧돼지인가? 네 기호 0번 멧돼지 아니 000입니다."

 지금은 극한직업이 유행에서 멀어졌지만 한창 유행할 때에는 신박한 원고가 될 수 있었다.

 "스카이 캐슬"이라는 드라마가 성행할 때에는 그것을 패러디해서 원고를 작성해 당선된 친구가 있었다."여러분! 저를 전적으로 믿으셔야 합니다."로 시작된 연설문은 학생들의 호응을 얻기 딱 좋았다. 또한 프레디 머큐리가 한창 유행할 때에는 대구에 있는 한 초등학생이 유행어 "올 라잇!"을 사용해 당선되었다.

신박한 연설문은 이전에는 없었던 것을 소재로 하거나 유행하는 상황을 잘 캐치해서 구성하면 된다. 유행은 빨리빨리 흘러가기 때문에 그 분위기에 맞춰서 변화해야 한다. 이 책이 만들어 지는 과정에서도 상당히 많은 유행들이 지나가고 있다. 한때는 펭수가 대 히트를 쳤다가 '던질까 말까' 춤이 유행했다. 브레이브걸스의 롤린이 음원 차트를 역주행 했고, 제로 투 댄스 열풍이 불었다. 그리고 넷플릭스의 '오징어 게임'이 세계적인 히트를 쳤다. 이 책이 몇 년간 서점에 머물면서 상당히 많은 유행들이 지나가게 될 것이다. 원리만 알면 응용할 수 있다. 특징을 잡아서 유권자에게 다가가면 된다.

명언을 활용한 연설문

연설문에서 적재적소에 들어가는 명언은 감초 역할을 한다. 그런데 유의해야 할 점들이 있다면 후보자와 어울리지 않거나 식상한 문구는 피하는 게 좋다. 한 친구가 원고에서 이런 내용을 담았다.

"여러분~! 상선약수라는 말이 있습니다. 지극히 선한 것은 흐르는 물과 같다는 것이지요."

이 원고는 누가 써준 것이다. 학생들은 어이가 없다는 분위기였다. 왜냐하면 이 친구는 평소에 담배를 피우고 친구들의 돈을 빌려가서 안 갚기로 유명한 학생이었기 때문이다. 그럴 때는 평소에 내가 부족한 삶을 살았지만 변화하겠다는 의지를 담는 편이 낫다.

또는 여러분 티끌 모아 태산입니다! 이런 문구는 많은 사람들이 알고 있거나 너무 오래된 문구이다. 역시 이것을 변형 시켜낼 것이 아니라면 사람들에게 '다 아는 이야기를 왜 하느냐?'라는 잔소리로 여겨질 수 있다.

그렇다면 어떤 문구가 좋을까? 남들에게 크게 알려지지 않으면서 가슴 속에 와닿는 이야기다. 어디서 찾을 수 있을까? 논어나 명심보감에서 찾아도 되고 성경이나 불경 또는 명언집 등에서 찾으면 된다. 또는 유명인의 연설문이나 저서 등에서도 확인할 수 있다.

개인적으로 추천하고 싶은 사람이 있다면 오바마다. 오바마는 연설의 달인이다. 그가 인종차별의 벽을 뚫고 대통령에 당선될 수 있었던 것 역시 대중을 이끄는 연설 능력이라고 볼 수 있다.

바로 인터넷에 검색되어 나오는 문구 하나를 통해 원고 예시를 만들어 보자.

여러분! 미국의 44대 대통령 버락 오바마는 이야기했습니다. "훌륭한 타협과 훌륭한 법은 마치 훌륭한 문장과 같다. 또는 멋진 음악과도 같다. 모든 사람들이 그것을 알아볼 수 있다. 사람들은 '오호, 좋아, 말 되네'라고 말한다." 여러분! 굳이 설명하지 않고도 정말 저 친구들 열심히 하고 있다! 라고 느낄 수 있게 최선을 다하는 학생회가 되겠습니다.

꼭 이렇게 정치인의 원고가 아니라도 된다.

유명 예술인이나 체육인, 유튜버 등의 이야기를 끌고 와도 된다.

 여러분! 피겨선수 김연아는 이런 이야기를 했습니다. "처음부터 겁먹지 말자, 막상 가보면 아무것도 아닌 게 세상엔 참로 많다"라고요. 두려움을 극복하고 새로움을 추구하는 학생회를 만들겠습니다. 편안함에 안주하지 않고 도전을 추구하는 학생회를 만들겠습니다. 기호 0번 OOO에게 투표해주십시오. 새로운 학교가 펼쳐집니다.

 개그 욕심이 난다면 이런 방법을 써도 된다.

 여러분! 뽀로로는 이런 명언을 남겼습니다. "노~는게 제일 좋~아~" 제가 공부는 못하지만 우리 반이 재미있게 노는 것 하나 만큼은 책임지겠습니다.

 이렇게 명언이라고 규정되지 않은 것들을 따와서 인용해도 된다.

명언 모음

　　　　　아래는 2019년 5월 12일 스승의 날에 즈음하여 모교의 은사님을 찾아뵈었다. 박래원 선생님께서 틈이 날 때 마다 메모해 두신 명언을 공개한다. 필요하다면 연설원고에 인용해도 좋다.

● 길을 가다가 돌이 나타나면 약자는 그것을 걸림돌이라 하고 강자는 그것을 디딤돌이라고 말한다.
 - 토마스 카알라일

● 중요한 것은 우리가 지금 어디에 있느냐보다는 어디를 향하고 있느냐이다.

● 사람들은 자기가 사랑하는 사람에게서만 배운다.

- 괴테

● 고민은 어떤 일을 시작하였기 때문에 생기기보다는 일을 할까 말까 망설이는 데서 더 많이 생긴다.
- 러셀

● 우리가 무엇을 하고 싶다는 것은 우리에게 그 일을 할 능력이 있다는 것이다.
- 리처드 버크

● 불빛이 어둠 속에서 더욱 빛나듯이 희망은 시련 속에서 더욱 굳건해진다.
 - 세르반테스 (참혹한 삶을 살았음)

● 자신이 다치는 게 두려운 사람은 정직하게 생각할 수 없는 법이다.
- 비트겐슈타인

● 모든 민주주의에서 국민은 그들의 수준에 맞는 정부를 가진다.
- 알렉시드 토크빌

● 너를 사랑하면서 동시에 이 세계를 경멸하는 건 불가능하다.
- 쿤데라

● 행운이 따라주지 않으면 용기로써 불행에 당당하게 맞서라.

- 키케로

● 두 번째 생각이 첫 번째 생각보다 현명하다.

- 그리스 철학자 유리피데스

● 비판을 거부하는 것은 우상숭배의 이면이다. 그리고 이러한 거부는 악을 숭배하는 쪽으로 우리를 이끌었다.

- 루이스 B. 스미스

● 슬픔도 노여움도 없이 살아가는 자는 조국을 사랑하고 있지 않다.

- 네크라소프

● 소리에 놀라지 않는 사자처럼

그물에 걸리지 않는 바람처럼

진흙에 더럽혀지지 않는 연꽃처럼

무소의 뿔처럼 혼자서 가라.

 - 숫타니파타

감동적인 연설문 작성법

사람의 마음을 감동시키거나 울리는 연설문이 있다. 그렇다면 어떠한 연설문이 그런 효과를 줄 수 있을까? 어렵고 힘든 경험을 했거나 그것을 극복한 사례와 관련된 연설문이다. 부유함보다는 가난, 외로움, 아픔 등에 해당된다.

 내가 살아오며 가장 기억에 남았던 강연 중 하나는 한 교감선생님의 이야기였다. 이 선생님께서는 어렸을 적 폭탄을 잘못 만져 시력과 한쪽 팔을 잃었다. 모든 것이 절망스러운 상황이었지만 어느 날 들리던 피아노 소리에 매료되어 음악에 관심을 갖게 되었다. 그때부터 밤낮으로 피아노 연습을 하고 노래를 불렀다. 겨울철에는 추위에 손가락이 얼어붙는 듯해도 연습하고 또 연습했다. 그리고 후일에 그분은 음악선생님이 된 것이다.

사지가 없는데도 긍정의 힘으로 일어선 닉 부이치치의 강연 역시 사람의 마음을 울린다.

마찬가지로 학생들 중에서는 자신의 장애를 딛고 선거에 출마하는 경우가 있다. 그런 경우는 내가 원고를 크게 손대지 않아도 출마 자체만으로도 명문장이 되는 경우가 많다. 지금은 다문화 학생들이 비교적 많이 생겼지만 역시 "차별 없는 학교를 만들겠다."라고 나서는 그들의 목소리도 사람들에게 감동을 준다.

청중은 "내가 만약 저런 상황에 처했다면 얼마나 힘들었을까?"라는 것을 연설을 통해 간접적으로 느끼기 때문이다.

또한 감동적인 연설문은 강자보다는 약자를 향하고 높은 곳 보다는 낮은 곳을 향한다.

한 때 인터넷에서 크게 회자되었던 노회찬 의원의 "6411번 버스"에는 새벽 3시에 일어나서 첫차를 타는 노동자들의 삶이 나온다. 태어날 때부터 이름이 있었지만 청소하는 미화원 아주머니라고 불리는 그들의 한 달 월급은 85만원. 이러한 상황을 존재하되 존재를 느끼지 못하고 살아가는 투명 인간에 비유한 것이다.

만약 원고의 소재가 이런 삶이 아닌 부유한 재벌의 일상을 소재로 이야기했다면 감탄은 줘도 감동은 주기 어려웠을 것이다.

남을 감동시키는 연설을 하고 싶은가? 낮은 곳으로 향해라! 당신에게 찾아올 역경과 당당히 맞서라. 그 삶이 곧 당신의 연설문이다.

연설문의 소재
찾는 법

　요리를 할 때 재료가 있듯이 연설문을 쓸 때에도 필요한 소재가 있다. 이 소재를 찾는 가장 쉬운 방법은 현재 내가 갖고 있는 관심사이다. 이 관심사를 통해 원고를 작성하면 보다 쉽게 풀려나간다. 그런데 내가 평소 관심을 갖지 않았던 것을 바탕으로 작성하려면 그것을 학습하는데 걸리는 시간이 발생한다.

　만약 태권도를 잘하는 학생이 태권도를 활용해서 원고를 작성했다고 가정해 보겠다. 그 친구는 비교적 원고를 쉽게 쓸 것이다. 자신이 태권도를 처음 시작하게 된 동기, 태권도의 학원 비, 도복의 가격, 빨간 띠 파란 띠의 차이 등에 대해 자세히 알고 있다. 하지만 태권도라고는 해본 적도 없고 크게 관심 가져 본 적도 없는 학생이 원고를 작성하면 시간이 몹시 걸릴 수 있다. 자기가 직접 경험해 보지 않았기 때문에 그 정보가 맞는지 틀렸는지까지 확인해야 할 것이다.

 같은 소재를 어떤 관점으로 보느냐에 따라서도 달라진다. 우리가 고궁에 사진을 찍으러 간다고 가정했을 때 어떤 사람은 건물 전체를 찍을 것이다. 어떤 사람은 세월에 무게를 견디면서 갈라져 있는 나무 기둥을 찍을 것이다. 어떤 사람은 기와를 찍을 것이다. 어떤 사람은 고궁을 비추고 있는 물 그림자를 찍을 것이다. 대다수의 경우 건물 전체를 찍었는데 어떤 사람이 건물에 박혀있는 오래된 나사를 접사로 찍었다면 같은 소재인데도 완전히 다른 결과물이 나온다. '6411번 버스'가 그러하다. 얼핏 보면 흔한 소재인 듯해도 결코 흔하지 않다.

 새벽 첫 버스 안에서 일어나는 풍경, 그 안에서 서로가 누가 탔는지 안 탔는지도 알아차리는 관계. 이런 내용은 그 시간에 그 버스를 타보지 않았던 이상 알 수가 없다.

 연설자가 좋은 원고를 만들기 위해서는 이런 관찰력이 필요하다. 이런 관점에서도 보고 저런 관점에서도 보고 때로는 접사 하라.

장점, 단점을 통한
연설문 작성법

　　　　　　　많은 출마자들이 궁금해 하는 것 중 하나가 연설에 자신의 장점을 기재할지 여부이다. 왜 이런 고민을 하냐면 그것이 다소 잘난 척으로 비추어 질까 염려되기 때문이다. 이 질문에 나는 장점을 적극 응용하라고 권한다.

　연설문은 TV 광고와도 같다. 짧은 시간 안에 그 제품의 장점을 최대치로 이끌어 내야 한다. 그래서 결국 소비자에게 그 물건을 사고 싶게 만든다. 연설문 역시 짧은 시간에 나라는 상품을 유권자에게 표를 받고 파는 것이다. 자신의 장점이 있다면 적극 어필해야 한다. 단! 조건이 있다. 그 장점이 유권자들에게 도움이 되는지다. 장점을 기재한다고 해서 내가 어디서 어떤 상을 받았고, 공부를 전교 1등을 하고, 어떤 악기 연주를 잘하고 이렇게 나열만 하고 끝나버린다면 학생들이 느끼기에 다소 불편할 것이다. 하지만 그러한 장점이 유권자들의 이익과 연관된다면 표를 얻는 연설문이 될 수 있다.

 악기 연주를 하는 친구는 섬세한 점을 어필할 수 있을 것이다.
"여러분! 연주를 하기 전에는 튜닝을 합니다. 이 튜닝의 과정에서는 아주 섬세한 소리까지 맞추어 음의 조화를 이루어 냅니다. 저는 우리 반의 조화를 위해 아주 작은 부분까지 신경 쓰는 반장이 되겠습니다. 마지막으로 짧게 우리 반의 화합을 의미하는 연주 한 곡 들려드리고 마치겠습니다. 감사합니다."

 요리를 잘하는 친구는 적절한 조화를 이야기 할 수 있다.
"여러분~! 안녕하세요? 저는 요리사가 되는 게 꿈입니다. 이건 제가 직접 만든 요리입니다. (사진 보여주기)
 요리를 할 때에는 소금과 설탕, 간장과 고추장 같은 양념들이 적절하게 어울릴 때 최고의 맛을 냅니다. 어느 하나라도 빠지거나 지나치게 더 들어가게 되면 최고의 맛을 내기 어렵습니다. 저는 우리 반 모두가 조화롭게 잘 어울릴 수 있는 몇 반을 만들어 내겠습니다."

 그런데 이런 자신의 장점을 놔두고 엉뚱하게 잘 못하는 것들을 새로 배우거나 가지고 와서 원고에 응용하고자 하는 경우가 있다. 금방 습득할 수 있는 것이면 괜찮지만 댄스나 노래 등 다소 배우는 데 시간이 걸리는 것들은 잘못하면 안한 것만 못한 상황이 될 수 있다.

가령 내가 선거에 출마한다면 현재 나의 장점을 모두 파악하고 이것들을 응용해서 할 것이다. 나의 경우 바이올린을 전공했으니 연설 도중 바이올린 연주를 조금 가미 시킬 수도 있다. 그런데 전혀 태어나서 한 번도 배워보지 못한 랩을 원고에 넣는다고 하면 잘못하면 이상한 연설이 되어버릴 수도 있다. 그래서 간혹 학교 선배 중에 이런 것들을 해서 당선된 사람이 있다면 후배가 따라하게 되는 경향이 생긴다. 하지만 내가 잘하지 않는 것이라면 남이 잘하더라도 피하는 게 맞다. 그건 그 사람한테 어울리는 원고이기 때문이다. 나의 장점을 통해 나만의 원고를 만들어라.

그렇다면 단점은 어떨까? 단점은 단점으로 끝나버리면 안 된다. 단점을 장점으로 승화시키거나 혹은 부족한 부분은 솔직하게 이야기하고 대안을 제시해야 한다.

그렇다면 학교폭력 가해학생이 활용할 수 있는 원고를 살펴보자.

여러분! 저는 이 자리에 서기 부끄러운 사람입니다. 키가 작고 못생긴 게 부끄러운 게 아니라 이때까지 제가 지내왔던 시간들이 다른 학생에게 피해를 주고, 괴로움을 줬기 때문입니다. 제가 반장 선거에 출마한 이유는 바로 "사죄"하기 위해서입니다. 조용히 저 구석에 숨어서 학교생활을 하는 것 또한 방법이 될 수 있겠지만 보다 적극적으로 "사죄" 하고 싶습니다.

첫 번째로 저는 여러분들의 보디가드가 되겠습니다. 누군가가 여러분들을 괴롭히고 때린다면 달려가서 제가 대신 맞아 드리겠습니다.

두 번째로 저는 여러분들의 심부름꾼이 되겠습니다. 쉬는 시간에 빵을 사 달라면 매점에 달려가서 빵을 사오고 등굣길에 가방을 들어달라면 다 들어주지는 못해도 함께 오는 친구들의 가방을 대신 들어주기도 하겠습니다.

 세 번째로는 여러분들을 항상 황제처럼 대하겠습니다. 황제가 반을 위해서 명령을 내리면 가장 낮은 곳에서 그 명령을 받드는 신하가 되겠습니다.

 공자는 "흠 없는 조약돌보다는 흠 있는 금강석이 더 났다."라고 했습니다.

 저의 지나간 잘못들이 여러분들의 보디가드가 되고, 심부름꾼이 되고, 때로는 가장 낮은 자리에 엎드려 있는 신하가 되어서 만회될 수 있는 기회를 얻고 싶습니다. 제가 반장이 되지 못하더라도 금강석보다 단단한 사람이 되어 여러분들을 위해 할 수 있는 일을 하는 사람이 되겠습니다. 감사합니다.

 이 원고는 자신의 잘못된 행동을 반성하며 변화하겠다는 마음을 담았다. 그런데 만약 반성 없이 원고에 "나는 싸움 잘한다거나, 남을 괴롭힌 적이 있다."라고만 전하고 끝난다면 학생들을 설득시키기 어려울 것이다.

 장점을 적극 어필하라! 단점에 대해서는 보완하거나 대안을 제시하라! 여러분들이 자기소개서를 쓸 때에도 이는 마찬가지다.

피해야 할
연설문

연설 원고를 쓸 때 가급적 피해야 할 내용들이 있다. 먼저 다른 누군가를 상처 주는 내용이 포함된 경우이다.

"여러분! 반에 지독한 냄새를 풍기는 친구가 꼭 한 명씩은 있죠? 제가 방향제를 설치해서 서로 WIN WIN 하겠습니다."

어떠한가? 뭔가 이건 아닌데... 하는 마음이 들 수 있다. 더욱이 대상자의 실명을 거론하거나 누구인지 알법하게 말한다면 명예훼손이 되어버릴 수도 있다.

차라리 그 냄새의 대상이 내가 되는 건 괜찮다.

"여러분 우리는 많은 냄새와 공존하고 있습니다. 입 냄새, 발 냄새, 땀 냄새, 똥 방귀 냄새 이런 것들이 우리의 뇌에 주는 영향은 상당합니다. 우리 학교에서 그러한 냄새를 풍기는 주범은 바로!!!! 접니다~~ 하하하하하. 네 죄송합니다. 이때까지 많이 풍기고 다녔습니다. 그것을 잘 알고 있으니 제가 만약 당선된다면 여러분들의 삶의 질 향상을 위해 방향제를 설치하겠습니다! 물론 깨끗이 씻고 다니겠습니다!"

 상대방을 비난할 때 보다 대상이 내가 될 때에는 그나마 편안한 느낌을 준다. 그런데 바뀐 연설문 또한 가급적이면 피해야 할 연설 문 중 하나이다. 왜냐하면 연설문에는 피, 똥, 고름, 오줌 등 지저분하거나 혐오스러운 단어가 가급적 들어가지 않는 게 좋다.

 야한 농담을 던지거나 야한 단어가 들어가 있는 것 역시 피해야 한다. 남들이 다 웃기다고 하더라도 불쾌감을 가지는 청중이 나타난다면 큰 후폭풍을 불러일으킬 수 있다.

 은근히 상대방을 무시하는 표현도 피하는 게 좋다.

 이런 원고가 있었다.

"여러분! 1년 365일은 8760시간입니다. 8760시간은 525600분입니다. 525600분은 31536000초입니다. 이 소중한 시간 허비하시겠습니까? 대충 흘려보내시겠습니까? 저에게 투표를 해서 꼭 값진 시간을 챙겨

가시기 바랍니다."

이 원고는 직접적으로 상대에 대한 비난이 들어있는 것은 아니다. 하지만 상대를 찍는다는 것은 시간을 허비하는 것이라는 결론이 난다. 그러한 의도가 없었다고 하더라도 상대 후보를 공격하는 연설문이 될 수 있다. 그럴 때에는 감정싸움으로 번질 수 있으니 차라리 이렇게 원고를 구성하는 것이 낫다.

"여러분! 1년 365일은 8760시간입니다. 8760시간은 525600분입니다. 525600분은 31536000초입니다. 이 소중한 시간을 보다 값지게 빛내 드릴 수 있는 후보가 되겠습니다."

상대방을 비판하기보다 나를 어필하는데 시간을 더 투자하라. 3분, 5분이라는 시간은 나를 알리는 것만으로도 넉넉하지 않은 시간이다.

당선 수락 연설문
작성법

　　　　　　　　　　선거에 당선되고 나면 수락 연설을 하게 된다. 경우에 따라 공개 석상에서 하는 학교도 있고 그렇지 않은 곳도 있다. 수락 연설문은 선거연설문처럼 치열하지는 않다. 그렇기에 낮은 자세로 열심히 하겠다. 라는 정도의 메시지가 담기면 된다. 또한 자신이 느끼는 심정이나 마음 등을 표현해 봐도 된다. 예시 원고를 만들어 보겠다.

　안녕하세요? 이번에 전교 회장에 당선된 OOO입니다. 현재 이 자리에 선 순간 많이 긴장되고 떨립니다. 당선의 기쁨보다는 깊은 무게감이 느껴집니다. 여러분들께서 주신 소중한 한 표 한 표는 좋은 학교를 만들라는 명령입니다. 저는 이 명령을 수행하기 위해 모든 역량을 다할 것입니다. 감사합니다.

또는 논어에 있는 문구를 인용해도 좋다.

 안녕하세요? 이번에 학생회장에 당선 된 OOO입니다. 저는 남이 하나를 할 때 열을 해야 하고 남이 열을 할 때 백을 해야 할 정도로 부족한 사람입니다. 하지만 남이 열을 할 때 백을 하고 백을 할 때 천을 할 마음의 준비는 되어 있습니다. 많이 부족하지만 여러분들의 믿음에 보답하기 위해, 여러분들과의 약속을 지키기 위해 최선을 다하겠습니다. 감사합니다.

 이런 정도로 자신의 마음을 표현하거나 문구를 인용해서 이야기하면 된다.

찬조 연설문

학교에 따라서는 찬조 연설을 하는 경우도 있다. 선거의 특성상 유권자 앞에서 연설을 한다는 것은 득표에 상당한 영향을 미친다. 그렇기에 찬조 연설자 선정에 있어서도 주어진 상황 안에서 최선의 선택을 해야 한다.

가급적 아래 세 가지 경우에 해당된다면 피하는 게 좋다.

먼저 발표 불안이 심한 학생이다. 아무리 친하더라도 남 앞에 서는 것에 대한 극도의 불안함이나 긴장감을 갖고 있다면 서로에게 곤욕스러운 상황이 될 수 있다. 선거 당일 못하겠다고 이야기하는 상황까지 벌어질 수 있다.

두 번째로는 불성실한 학생이다. 남 앞에서 말하는 것은 문제가 없더라도 준비를 제대로 안 해서 문제가 될 수 있다. 선거 당일도 잊고 있다가 올라가서 대충 말하고 와버리는 상황이 생긴다. 그러한 이미지가 후보자의 친구라는 이름으로 후보자마저도 불성실하게 보이게 만들 수 있다.

세 번째는 뭔가를 지나치게 요구하는 학생이다. 이는 선거에 당선되고도 피곤한 상황으로 이어질 수 있다. "야 내가 저번에 찬조연설을 해줬으니 이런 것 정도는 해줘야지." 해줘도 해줘도 끝없이 요구하는 성격의 학생이다. 물론 거절할 때는 거절하면 되지만 이런 관계 역시 스트레스가 될 수 있으니 가급적 피하는 게 좋다.

이런 3가지 경우에는 가급적 아예 안 맡기는 것이 낫다.

만약 특별히 추천할 만한 학생이 있다면 방송반 아나운서를 하고 있는 친구나 축제 때 mc를 나서서 보는 친구다. 기본적으로 남 앞에서 떨지 않고 말한다. 그리고 말하는 것에 대한 부담감이 다른 친구들에 비해 별로 없을 것이다. 또는 학생들에게 평소 인기와 인지도를 갖고 있는 친구는 후보자에게 표를 몰고 올수 있다.

이런저런 조건을 다 갖추지 못하고 있더라도 좋은 찬조연설자가 있다. 바로 책임감이 강한 친구다. 그런 친구는 다소 말을 잘 못하거나 내성적이라도 후보자를 위해 열심히 노력해서 역량을 다 해낸다. 자기가 못한다는 것을 스스로 알고 수많은 준비를 하기 때문이다.

그렇다면 찬조 연설 작성법에 대해 알아보자.

찬조 연설자는 후보자를 어떻게 만났는지, 평소 행실은 어떤지, 후보자가 당선되어야 하는 이유 등을 담아낼 수 있다. 더불어서 후보자가 자기 입으로 이야기하기 민망한 장점, 인성 등에 대해 찬조연설자는 알려줄 수 있다.

예시 원고를 만들어 보자.

"안녕하십니까? O학년 O반 OOO입니다. 저는 작년 여름 우리 학교로 전학 왔습니다. 친구들과 친해질 수 있을까? 고민이 많았는데 OOO은 저에게 가장 먼저 다가와 '우리 베프하자!' 라고 손을 내밀어 주었습니다. 그때부터 우리는 친구가 되었습니다. 덕분에 학교생활에도 잘 적응할 수 있었고 오늘 이런 자리까지 설 수 있게 된 것에 감사함을 느낍니다. 저는 OOO이 선거에 출마한다고 했을 때 찬조연설이 필요하다면 나를 시켜달라고 먼저 이야기했습니다. OOO은 청소하는 모습만 봐도 리더로서의 자질이 충분히 있다고 판단되었기 때문입니다. 누군가 시키지도 않았던 청소기 안에 있는 필터까지 꺼내어 깨끗이 정리하는 모습을 봤습니다. 그것 하나만으로도 성실하다는 것을 알 수 있었습니다. 우리들이 관심을 가지지 못하는 것까지, 누군가 하기 귀찮아 미루던 것까지도 OOO은 당당하게 해 낼 것입니다.
 외로웠던 나에게 가장 먼저 다가와준 친구, 여러분들을 위해서라면 인정받지 못하는 일이라도 묵묵하게 해낼 친구! 기호 O번 OOO을 제 이름 석자를 걸고 추천하는 바입니다. 감사합니다."

대략 이런 형태로 구성해 볼 수 있다.

찬조연설자가 원고 쓰기를 어려워한다면 후보자가 같이 도와줄 수도 있을 것이고, 발표력이 부족하다면 함께 연설 연습을 할 수도 있을 것이다.

아주 솔직히 말해서 찬조연설자는 후보자보다 선거에 애착이 떨어질 수밖에 없다. 그래서 후보자가 나서서 이끌어 내야 한다. 너무 지나치게 간섭을 하면 관계가 악화가 될 수 있기에 주의해야 하지만 어느 정도는 후보자가 찬조연설을 어떻게 해 나갈 것인지 알고 있는 게 좋다.

잘못하면 경험이 부족한 찬조연설자가 학생들에게 웃음을 주기 위해 무리수를 던져버리는 경우가 나타난다.

예시 원고를 보자.

"여러분! 저는 기호 1번 전교 회장 선거에 출마한 OO이와 초중고를 같이 다녔습니다. 그래서 누구보다 OO이를 잘 알고 있습니다. 비록 초등학교 때에는 문구점에서 물건도 훔치고, 친구들을 때리기도 했지만 고등학생이 된 지금은 사기도 칩니다! 이렇게 지키지 못할 공약을 들고 나왔네요. 나... 허... 참... 그냥 던지고 보자는 식이지요."

본인은 학생들의 분위기를 띄우고 웃기려고 이런 이야기를 이끌었다고 해도 후보자에게 전혀 도움 안 되는 연설이다. 이 원고도 마지막에 이렇게 변화를 줄 순 있다.
"여러분! 진짜 친구는 이렇습니다. 격식과 형식 없이 서로에 대해 거친 농담도 하고 편하게 다가갑니다. 여러분들에게 진짜 친구처럼! 다가갈 후보! 언제나 마음 편히 부를 수 있는 후보 OOO을 기억해주십시오."

 이런 정도의 의도를 갖고 있었다면 모험이나 시도를 해볼 수도 있겠지만 그렇지 않고서는 찬조연설자의 돌발적인 행동은 후보자를 난처하게 만들 수 있다.

 혹은 이런 내용으로 콜라보레이션(공동 출연)도 가능할 수 있다. 마치 오바마 미국 대통령이 코미디언 키건 마이클 키를 통해 백악관 출입 기자단 연례 만찬 때 분노 통역사 코미디를 선보였던 것처럼 말이다. 유튜브에 '오바마 분노 통역사'라고 치면 나온다. 이런 것을 찬조연설에 적용할 때에는 역시 학교와 학생이 그런 것을 수용할 수 있는 분위기가 될 때 하는 게 좋다.

 철저하고 치밀하게 계획된 것이라면 파격적으로 구성할 수도 있겠지만 그런 게 아니라면 찬조연설이 후보자를 받쳐줘야지 당황시켜서는 안 된다.
 이상적인 찬조 연설자를 구하면 가장 좋을 것이다. 하지만 부족하다고 하더라도 자신을 위해서 나서준 친구에 대한 고마움을 잊지 말자.

연설문 지도 1
(슈퍼스타)

지금까지 어떻게 하면 원고를 작성할 수 있는지 이야기해 보았다. 그런데 내가 어떻게? 원고를 지도해 나가는지 구체적인 사례를 보면 이해를 더 도울 수 있을 것 같다.

나 : 안녕!
후보자 : 안녕하세요!

나 : 너는 연설에 어떤 부분을 이야기하고 싶니?
후보자 : 아직 생각해 보지 못했어요. 열심히 하겠다는 것 밖에는…

나 : 그래? 그럼 너는 요즘 무엇을 할 때 가장 재미있니?
후보자 : 가족이랑 TV 전지적 참견 시점 볼 때가 재미있어요.

나 : 그래? 거기에서 어떤 부분이 재미있었니?

후보자 : 연예인의 취미, 먹방과 같은 일상에 매니저가 함께 나와서 더 재미있어요.

나 : 그렇다면 그 부분으로 원고를 만들어 보는 건 어떻겠니? 네가 학생들의 매니저가 되겠다고 할 수 있을 것 같구나.

"안녕하세요? 반장 선거에 출마한 OOO입니다. 제가 요즘 가장 즐겨 보는 TV프로그램은 전지적 참견 시점입니다. 특히 연예인의 소소한 일상과 더불어 매니저가 늘 곁에서 함께 하는 내용이 흥미롭습니다. 저는 이 매니저와 같은 반장이 되고 싶습니다.

매니저는 연예인을 위해 바쁜 일정을 관리하고 전화를 대신 받습니다. 그래서 보다 원활히 업무를 수행할 수 있도록 합니다. 저는 여러분들만의 매니저가 되겠습니다. 항상 여러분들을 슈퍼스타라고 생각하고 따르겠습니다.

제 공약은 첫째. 학급 알림 톡을 개설하겠습니다. 누구나 스마트 폰으로 다음 날 학교 숙제와 준비물을 확인할 수 있도록 하겠습니다.

둘째. 학용품 공유함을 만들겠습니다. 간혹 깜빡 잊고 지우개나 연필 안 가지고 왔을 때 있으시죠? 그럴 때 저같이 소심한 학생은 다른 친구들에게 잘 빌리지도 못합니다. 그래서 학용품 공유함을 만들어 여러분들이 언제든 편하게 쓰고 다시 넣을 수 있게 하겠습니다.

 셋째, 당연한 것이지만! 제 연락처를 공개하겠습니다. 이 뜻은 여러분들이 저에게 요청할 일이 있을 때 언제든지 받겠다는 신호탄입니다. 문자로, 카톡으로, 전화로 얼마든지 좋습니다.

 여러분들을 슈퍼스타로 모실 매니저! 기호 0번 000을 기억해주십시오. 감사합니다.

연설문 지도 2
(삼겹살)

이번 연설문은 유튜브에서 자주 댓글을 다는 한 학생의 고민을 바탕으로 제작되었다. 이 학생의 별명은 삼겹살이라고 한다. 비록 학생에 대한 정보가 적은 상황이지만 이런 특징을 바탕으로 구성해 보자.

나 : 너는 어떤 원고를 쓰고 싶니?
후보자 : 저는 별명이 삼겹살이에요. 뚱뚱하다고 붙여진 별명입니다. 이걸로 뭔가 학생들에게 전할 수 있는 메시지가 있을까요?

나 : 삼겹살로 원고를 작성하려면 삼겹살의 특징에 대해 알아야 해. 그럼 우리가 함께 삼겹살에 대해 알아볼까?

<삼겹살 자료 조사 내용>

- IMF 당시 지갑이 얇아진 서민들에게 사랑받음
- 2003년 중앙일보 조사에서 회식 메뉴 1위 선정
- 성인병, 뇌질환 예방. 풍부한 영양가. 소화기능 보조. 어린이 성장발육, 윤택한 피부
- 중금속 해독으로 인한 미세먼지, 황사에 효과 있음. (그러나 이에 대해 의견이 갈림)

자 그럼 이제 자료를 조사했으니 이야기를 만들어 가보도록 하자.

"안녕하세요? 반장 선거에 출마한 기호 O 번 OOO입니다. 제 별명은 바로 삼겹살입니다. (소품 등장) 보시다시피 뚱뚱해서 지어진 별명입니다. 저는 이 별명이 마음에 듭니다! 왜냐하면 어렵고 힘들 때 서민들 곁을 지켜준 음식이기 때문입니다. 삼겹살은 경제 위기가 왔을 때 각광받기 시작했습니다. 싸고 맛 좋기 때문입니다. 지금도 많은 사람들에게 가장 사랑받는 음식 중 하나입니다.

저는 이런 삼겹살 같은 반장이 되겠습니다. 물론 이미 지금도 삼겹살이긴 합니다. (유머) 하지만 이제는 뚱뚱함만이 아니라 이런 의미를 담은 삼겹살이 되겠습니다. 여러분들이 어렵고 힘들 때마다 항상 곁에서 힘이 되고 위로가 될 수 있는 반장이 되겠습니다.

제 공약은 첫째! 교실 내 소리함을 만들겠습니다. 언제든 여러분들의 의

견을 넣어주시면 적극 반영될 수 있도록 하겠습니다.

 둘째! 공기정화식물을 교실에 배치하겠습니다. 미세먼지와 황사 등으로부터 보호하겠습니다!

 그리고 마지막 셋째! 임기 안에 제 똥배를 다 빼겠습니다. 그냥 운동해서 빼는 게 아니라 우리 반을 위해 열정을 다해 일해서 빼겠습니다. 삼겹살은 자신의 몸을 다 태워서! 국민들에게 맛있는 음식을 제공합니다. 저는 임기 중 이 살들이 다 소진될 수 있도록 여러분들의 손과 발이 되겠습니다. 감사합니다! 기호 0번 삼겹살 OOO을 기억해 주세요."

 주제가 삼겹살이다 보니 소품을 희망한다면 구매해도 좋다. 인터넷에 삼겹살 모형이라고 치면 16000원~18000원 정도 가량의 제품을 팔고 있다. 진짜 삼겹살을 들고 가면 복불복의 상황이 된다. 더 크게 웃길 수도 있지만 비호감적일 수 있다. 그래서 소품을 준비할 생각이면 이런 모형이나 인형으로 대체하는 게 무난하다.

연설문 지도 3
(쿠팡맨)

　코로나 바이러스로 인해 자영업을 하시는 분들이 상당히 많은 피해를 입었다. 이로 인해 쿠팡 플렉스나 배민 라이더를 통해 투잡을 뛰는 사람들도 늘어났다. 어느 유튜브에서는 아버지와 함께 택배 배달을 하기 위해 따라나선 한 중학생이 나왔다. 그 중학생은 집에서 공부하는 선택을 할 수도 있었을 것이고, 컴퓨터 게임을 하는 선택을 할 수도 있었을 것이다. 그럼에도 불구하고 아버지께서 힘드실까 봐 따라나섰다.

　이런 경우 연설문으로 만들고자 한다면 어떻게 할 수 있을까? 먼저 쿠팡맨에 대해 떠오르는 모든 것을 나열해봐야 한다. 나의 경우 총알 배송, 택배 받을 때 기다려지는 마음, 박스에 포장된 택배 등이 떠오른다. 이것을 연설문에 맞게 비유 및 적용해야 한다.

총알 배송 = 학생들의 요구에 발 빠르게 움직이겠다는 것.
택배 받을 때 기다려지는 마음 = 학교 가기를 기다려지는 마음
포장된 택배 = 택배 박스에서 공약을 하나씩 꺼내며 연설.

 이렇게 구도를 잡았으면 자신의 스토리와 더불어서 연설문으로 만들면 된다.

 "안녕하십니까? 회장 선거에 출마한 OOO입니다. 여러분! 그동안 많이 힘든 시간을 보내셨죠? 저는 틈이 나면 아버지와 함께 쿠팡 플렉스를 했습니다. 저녁에 아버지와 함께 차를 타고 나가 물류창고에서 택배를 받아 배송하는 일을 도왔습니다. 그 돈을 모아 학용품도 사고 마트에서 장도 보게 되었습니다. 비록 짧은 시간이었지만 택배업을 하시는 분들의 노고를 느낄 수 있었습니다. 저는 이제 여러분들의 쿠팡맨이 되고 싶어서 이 자리에 섰습니다. 주문 즉시 총알같이 배송해서 다음 날 눈 뜨면 문 앞에 놓여있는 택배처럼, 여러분들의 목소리에 즉각 반응해서 움직이겠습니다.

 여러분들에게 드릴 공약이 든 세 개의 택배 상자를 가지고 왔습니다.

 첫째! (박스 안에 있는 농구 골대 그물망을 꺼내며) 농구 골대 그물망 교체입니다. 여러분 농구 좋아하는 친구들은 이 그물망이 항상 너덜너덜해서 불편하셨죠? 제가 당선된다면 항상 관심을 갖고 빠른 교체를 건의하겠습니다.

둘째! (박스 안에 있는 축구공을 꺼내며) 사제동행 스포츠 대회 활성화입니다. 여러분! 선생님들과 모두 친해지고 싶죠? 저도 그런 마음입니다. 선생님과 제자가 어우러져 한마음 되는 스포츠 대회를 추진하겠습니다!

셋째! (박스에서 양심 우산통을 꺼내며) 양심 우산통 설치입니다. 여러분! 비가 오는데 우산이 없으면 초조하고 불안하죠? 학생회에서 양심 우산 통을 설치해 여러분들의 등하굣길을 책임지겠습니다.

여러분 이 택배 모두 받고 싶지 않으신가요? 기호 0번 000을 장바구니에 넣기! 투표로 주문 클릭! 해주십시오. 내가 주문한 택배가 어서 오길 기다려지는 것처럼, 여러분들이 기다려지는 학교를 만들어 내겠습니다.

감사합니다. 지금까지 여러분들만의 쿠팡맨이 되고 싶은 000이었습니다.

연설문 지도 4
(펭수)

　　　　　　　　　　　유튜브에 댓글로 한 학생이 펭수로 연설 원고를 어떻게 만드는지 남겨주었다. 사실 나는 펭수가 나오는 영상을 한 번도 본 적이 없었다. 그래서 언론 기사와 위키트리 백과사전을 통해 정보를 얻었다. 내가 찾은 펭수의 특징은 3가지였다. 당당함, 친근함, 강인함이다.

　당당함은 외교부 장관 앞에서도 주눅 들지 않은 모습에서 느꼈다. 친근함은 남녀노소 누구에게도 인기가 많다는 것에서 느꼈다. 강인함은 추운 지방에 사는 펭귄인데 사계절 기후가 뚜렷한 우리나라에서 활동하고 있다는 점에서 느꼈다.

　이러한 특징을 통해 원고를 작성해 보겠다.

안녕하십니까? 회장 선거에 출마한 기호 0번 OOO입니다. 여러분! 저는 인생에 있어서 가장 존경하는 인물이 있습니다... 그분이 누구냐면... 바로 펭수입니다. 펭하~~ 제가 펭수를 존경하는 이유는 세 가지가 있습니다.

첫째, 펭수는 당당합니다. 외교부 장관 앞에서도 주눅 들지 않습니다. 여러분들을 위하는 일이라면 교장선생님 앞에서도 교육감님 앞에서도 당당하게 할 말은 하는 회장이 되겠습니다.

둘째, 펭수는 친근합니다. 남녀노소 누구나 할 것 없이 펭수를 좋아합니다. 저는 우리 학교에 어떤 친구에게도 편안하게 다가갈 수 있는 회장이 되겠습니다.

셋째, 펭수는 강인합니다. 추운 남극에 살아야 할 펭귄이지만 사계절이 뚜렷한 우리나라에서도 버텨냅니다. 저는 이처럼 어떤 환경 속에서도 묵묵히 일을 해 내는 회장이 되겠습니다.
여러분들만을 위해 일할 후보! 펭수의 당당함과 친근함, 강인함을 따를 후보! 기호 OOO을 기억해 주세요. 감사합니다.

만약 개그 욕심이 난다면 펭수의 말하기 특징인 "~함니꽈?"와 같은 성대모사를 중간중간 집어넣을 수 있다. 또한 펭수 분장을 해도 웃길 수 있다. 하지만 분장과 같은 경우 잘못하면 낙서처럼 보이거나 혐오스러워 보일 수도 있으니 주의해야 한다.

연설문 지도 5
(카트라이더)

학생들이 좋아하는 게임인 카트라이더를 통해 회장 선거 연설문을 만들어보겠다. 먼저 카트라이더의 특징에 대해서 파악해봐야 한다.

1. 레이싱카를 타고 목적지까지 가장 먼저 도착하는 사람이 우승한다.
2. 부스터, 자석, 보호막과 같은 아이템을 먹는다.

다음으로는 이것을 어떻게 연설 원고로 응용할지 여부를 생각해 봐야 한다.

목적지를 학생들이 원하는 것으로 비유해서 "여러분들이 원하는 일이라면 초고속으로 달리겠습니다." 이런 형태로 진행할 수 있을 것이다.

아이템과 같은 경우는 공약을 걸 때 응용할 수 있다. 소품으로 네모난 박스에 다가 포장을 해서 물음표를 새긴 다음 첫 번째 공약! 두 번째 공약! 하며 아이템 박스를 한 개씩 뜯으면서 연설할 수 있다.

아니면 아이템 그대로의 특징을 갖고 원고화 시킬 수 있다.

부스터 = 학생들이 요청하는 일에 더 빨리 처리하겠다는 의미
자석 = 누구에게나 친근하게 다가가서 마음을 끌어당기는 회장이 되겠다는 의미
보호막 = 코로나로 인해 안전과 위생에 민감한 것을 토대로 안전한 학교를 만들겠다는 의미

이것을 토대로 원고를 만들어 보겠다.

안녕하세요? 반갑습니다. 회장 선거에 출마한 OOO입니다. 여러분! 카트라이더 좋아하시죠? 저도 틈이 날 때마다 스마트폰으로 카트라이더를 합니다. 저는 열정과 정의감이 가득한 다오의 캐릭터로 스포츠카 제노를 타고 달립니다. 풍선도 하나 달고 있습니다. 게임을 잘하는 편은 아니지만 친구들과 함께 할 때 행복감을 느낍니다.

저는 이 다오 같은 회장이 되고 싶습니다. 여러분들이 원하는 일이라면 누구보다 가장 빨리 달려나가겠습니다. 미끄러지고, 헤매는 일이 있더라도 달리는 일을 멈추지 않겠습니다.

제가 가지고 온 첫 번째 아이템은 (아이템 박스 소품 등장 그리고 부스터 카드 꺼내기) 바로 부스터입니다. 여러분들이 시키는 일이라면, 여러분들이 학생회에 건의하는 일이라면 저는 이 부스터를 달고 움직이겠습니다. 가장 빠르고 신속하게 처리를 해서 결과 보고를 하겠습니다.

두 번째 아이템은 (아이템 박스 소품 등장 그리고 자석 카드 꺼내기) 자석입니다. 누구에게나 친근한 회장이 되겠습니다. 어떤 일이든 오래된 친구처럼 편하게 부탁하고 맡길 수 있는 회장이 되겠습니다. 그래서 여러분들의 마음을 자석처럼 끌어당길 수 있는 회장이 되겠습니다.

세 번째 아이템은 (아이템 박스 소품 등장 그리고 보호막 카드 꺼내기) 보호막입니다. 코로나로 인해 위생과 안전이 더욱 중요한 시대가 되었습니다. 학교 내에 손 소독제, 비누 등에 대한 위생용품이 철저하게 유지될 수 있도록 하겠습니다. 더불어서 안전과 관련된 교육을 강화해 나가겠습니다. 전문가를 초빙을 통해 안전 연수를 받고 학생회 차원에서도 최우선의 과제로 여기며 나아가겠습니다.

여러분들만을 위해 달릴 카트라이더 레이서! 기호 0번 OOO을 기억해 주십시오. 감사합니다.

여기서 원고를 구성할 때 꿀팁을 하나 더 방출하자면 원고는 하나의 흐름을 갖고 가는 것이 좋다. 이 연설 원고의 경우 카트라이더 이야기를 하며 시작했다가 카트라이더로 끝난다. 중간에는 공약까지 카트라이더의 특징을 갖고 아이템 박스 소품을 활용해 하나하나 소개해 나간다. 이렇게 하나의 일관된 흐름을 갖고 가는 것이 좋다. 처음에는 카트라이더 이야기를 했다가 중간에는 삼겹살 이야기를 하고 마지막에는 쿠팡맨 이야기를 하고 있으면 청중들이 듣기에 매끄럽지 못하게 느껴질 수 있다.

연설문 지도 6
(찌질이의 역습)

이번에는 네이버 지식IN에 올라왔던 질문이다. 내 답변이 채택되었고 상당히 많은 조회수를 기록했다. 생동감을 살리기 위해서 원문 그대로 첨부한다.

"제 상황을 일단 설명해드리죠. 전 정말 친한 친구랑 운이 좋게 같은 반이 되었습니다. 그래서 친구 사귈 필요성을 못 느껴서 며칠째 말을 한 애들이 없습니다. 거기다가 생긴 것도 약간 찌질이 같이 생겨서(아 슬프다) 애들이 저한테 관심이 없네요... 훗 우리 반 애들이 좀 날라리 같은 애들이 많아서 걔네들끼리 뭉쳐서 다녀 끼기가 힘드네요.ㅠㅠ 반장 후보만 7명이고 반에서 인기 있는 애들이 많네요. 저는 존재감 제론데 ㅋㅋ 어쨌든 연설문을 한 번 생각해봤습니다.

안녕하세요. 기호 3번 OOO입니다. 저는 사실 반장 경험이 많지는 않지만 그 만큼 반장이 된 아이들이 무엇을 잘했고 무엇이 아쉬웠는지 잘 알고 있습니다. 지금은 그렇지 않지만 (갑자기 큰소리로) 야 거기 조용히 해 시끄럽잖아!!! 라고 아이들이 친해질수록 말하는 경우가 많습니다. 이 말은 굉장히 기분이 나쁩니다. 반장은 리더지 대장이 아니거든요 저는 이런 경우를 없애겠습니다.

여기까지 했는데 ㅎ 망삘이군요. 걍 포기할까 생각도 하고 있네요. ㅎㅎ 친구부터 사귀어야 되나? 아무튼 상처를 쉽게 입는 연약한 마음을 가지고 있는 여고생이니 좋고 친절한 말로 답변 부탁드립니다. 참고로 반장선거까지 1주일 남았습니다."

먼저 수정했으면 하는 부분에 대해서 이야기 해 보겠다. "반장 경험이 많지는 않지만"은 "반장 경험이 부족하지만" 이라고 하는 게 좋다. 비슷한 것 같지만 후자가 더 겸손해 보이고 호감 있다. 약간의 느낌 차이지만, 조금 더 유리한 것을 선택하는 게 좋다.

갑자기 큰소리로 "야 거기 조용히 해 시끄럽잖아!!!"이 부분은 연기를 잘 못하면 상당히 어색하게 될 수 있다. 설령 연기를 잘한다고 해도 긍정적 언어가 아니다. 빼는 게 낫다.

오히려 본인이 찌질이 같이 생겼다거나 존재감 제로라는 부분들을 활용해서 연설문을 만드는 게 더 도움 될 수 있다.

그렇다면 원고를 수정해 보자.

 안녕하세요? 반장선거에 출마한 OOO입니다. 얼마 전 거울을 봤는데 제가 너무 찌질해 보였습니다. '이렇게 살면 안 되겠다.'하는 생각이 들어서 반장 선거에 출마하게 되었습니다. 그런데 다른 후보들을 보니 도무지 당선될 가능성이라고는 눈곱만큼도 안보이군요.
 하지만 용기 내었습니다. 비록 인기도 없고, 능력과 자질이 부족 할지라도 학급을 위해 봉사하겠다는 목소리조차 낼 자격이 없는 것은 아니었기 때문입니다.

 학교 다니면서 반장이나 부반장이 명령조로 학생들을 대하는 게 몹시 불편했습니다.
그래서 저는 자유와 인격을 존중하는 반을 만들겠습니다. 반장은 지시하고 명령하는 존재가 아닌 안내자가 되겠습니다. 그래서 사소한 것 하나에도 배려와 웃음이 묻어나는 멋 반을 만들겠습니다.

 저 같은 찌질이에게도 기회를 주십시오! 강력한 리더십은 위압적이거나 편법적인 방법을 사용하는 것이 아니라 구성원들의 자발적인 지지와 동의를 이끌어 내는 것입니다! 강력한 리더십! 지금 여기서부터 출발하겠습니다.

 지금까지 찌질이의 역습! 기호 O번 OOO이었습니다. 감사합니다.

만약 여기서 유머를 추가하고 싶다면 마지막 부분에 이런 정도의 표현을 해줘도 된다.

"혹시나 해서 말씀드리지만 발음을 아주 정확하게 들어주셔야 합니다.
찌.질.입니다. 치.질. 아닙니다.
물론 제가 그거 걸린 적은 있지만 여러분들의 치질이 아닌 찌질이로 기억되고 싶습니다.
감사합니다. 찌질이의 역습! 기호 0번 000 이였습니다."

연설문 지도 7
(다문화 학생)

요즘 초등학교에 가면 다문화 출신 학생들을 어렵지 않게 볼 수 있다. 예전에 내가 학교 다닐 때만 해도 흔치 않은 일이었다. 실제로 부모님도 만나보고 학생들과 상담을 해본 적도 많다. 부모님의 경우에는 정보 공유가 제대로 되지 않고 자녀가 우리나라 교육 대열에 함께 진입하지 못해 뒤처질까 많이 걱정한다. 학생들의 경우에는 다르다는 이유로 왕따를 당하거나 괴롭힘을 당하는 경우도 있었다. 시대가 많이 바뀌고 있지만 안타까운 일이다. 나는 멀지 않은 시간에 우리나라에 다문화 출신 대통령이 탄생할 것이라 생각한다. 그런 친구들이 적극적으로 리더가 되어 사회적 약자의 눈물을 닦아 주었으면 좋겠다. 사회적 약자를 외면하는 세상에 보이지 않는 벽을 허물어 줬으면 좋겠다.

이번 연설문은 그런 바람을 담았다. 실제로 활용된 연설문은 아니다. 다만 내용은 이때까지 상담한 친구들의 사례를 바탕으로 구성되었다.

나 : 원고에 어떤 부분을 가장 담고 싶니?
후보자 : 학교폭력이 없고 누구도 차별받지 않았으면 좋겠어요.

나 : 그래, 차별받아 본 적이 있니?
후보자 : 네, 외모적으로 놀림을 당했어요.

나 : 그래, 다시 관계가 회복된 적도 있니?
후보자 : 네, 친구가 사과를 했을 때 마음이 편했어요. 다시 친해졌어요. 자기가 잘 몰라서 저를 그렇게 대했데요.

나 : 그래, 그렇다면 공약은 학교폭력에 관련된 것과 관계에 관련된 부분을 넣는 것도 좋겠구나.
후보자 : 네, 저와 비슷한 경험을 했던 강사의 강연을 친구들과 듣고 싶기도 해요.

나 : 그래 그런 부분들도 함께 넣어보자.

안녕하십니까? 전교 회장 선거에 출마한 기호 0번 OOO입니다.

 여러분! 모두 엄지손가락과 검지로 이렇게 동그란 고리를 만들어 주십시오. 다 되셨습니까? 그럼 이제 옆에 있는 친구와 함께 그 고리를 연결해 주십시오. 우리는 이렇게 관계 속에서 살아갑니다. 그리고 이 관계 안에서 행복감을 느낍니다. 이 관계의 고리가 탁! 하고 끊어지는 순간 사람은 불행을 느낄 수 있다고 합니다.

 보시다시피 저는 피부 색깔이 많이 다릅니다. 이러한 다름으로 인해 스스로 위축된 생활을 보내기도 했습니다. 하지만 이제 더 이상 움츠리지 않습니다. 이것은 다를 뿐 틀린 것이 아니기 때문입니다. 무엇보다 여러분들이라는 좋은 친구가 있기 때문입니다.

 제가 만약 전교회장이 된다면 학교폭력 없는 학교, 차별 없는 학교를 만들겠습니다.

 제 공약은 첫째! 학교폭력 STOP 프로그램을 도입하겠습니다.
여러분 '학교폭력 멈춰!'라고 외치는 유튜브 짤을 기억하지는 지요? 비현실적인 대책이라는 비판을 많이 받았습니다.

 이 프로그램은 '멈춰!'라고 외치는 데서만 그치지 않습니다. 학교폭력이 발생하면 선생님께 즉각 알리고 모두가 방관자가 아닌 방어자가 되는데 있습니다. 여러분들이 폭력을 당할 때 모두가 방관하고 있는 것이 아니라

'멈춰!'라고 소리치고 누군가 달려가 선생님께 사실을 알려준다면 얼마나 고마운 일일까요? 이 프로그램 우리 다시 한번 생각해 볼 필요가 있습니다. 실제로 노르웨이에서는 이 프로그램 도입으로 2년 만에 학교폭력이 50%이상 감소했습니다. 형식적인 '멈춰'가 아닌 진짜 학교폭력 '멈춰'가 될 수 있도록 이 프로그램을 추진하겠습니다.

둘째! 학교폭력예방 및 인식개선 관련 명사 초청 강연회를 열겠습니다. 좋은 영화 한 편과 좋은 강연 한 번은 사람의 인생을 바꿔 놓기도 합니다. 형식적인 강연이 아닌 이러한 어려움을 실제로 겪었던 사람들의 이야기를 듣겠습니다. 그래서 배움의 장을 마련하겠습니다. 여러분들의 추천을 받을 것이며 필요하다면 제가 직접 찾아가서라도 우리 학교에 와달라고 요청하겠습니다.

셋째! 화해함을 만들겠습니다. (화해함 소품 등장)
여러분! 학교생활하다 보면 친했던 친구와 멀어질 때도 있죠? 사과하고 싶지만 용기가 나지 않아 다가서지 못하는 경우도 많죠? 화해함을 만들어서 학생회가 적극적으로 관계 회복을 돕겠습니다. 요청 시 wee 클래스 상담 선생님과 전문가의 도움을 얻어서라도 잘 성사될 수 있도록 모든 역량을 다하겠습니다.

그렇게 해서 학교폭력 없는 안전한 학교! 차별 없는 학교! 모두가 행복한 학교를 만드는데 앞장서겠습니다. 지금까지 기호 0번 다르지만 틀리지 않은 후보! OOO이었습니다. 감사합니다.

연설문 지도 8
(역경 극복)

　　　　　　　　　　이번 상황은 후보자가 직접 선거에 출마한 것은 아니다. 가상의 상황을 연출한 것이다. 하지만 실제로 우울증을 겪은 사람과 인터뷰하여 이루어졌다. 왜 이렇게 구성했냐면 현재 청소년들의 우울증에 대해 사회적으로 더 큰 관심이 필요하다고 판단했다.

 그리고 누군가 이렇게 극복하고 용기 있게 나설 수 있었으면 좋겠다는 희망을 담았다.

나 : 연설 원고에 어떤 걸 넣고 싶니?
후보자 : 저는 우울증으로 2년 동안 고생을 했어요. 병원에서 2년 동안 약을 먹고 치료했는데 차마 이건 겪어보지 않은 사람은 모를 거예요.

나 : 그 부분을 원고에 넣어서 학생들에게 전해도 되겠니?
후보자 : 네, 아마도 저와 같은 친구들이 있을 것 같아요. 그 친구들에게 힘이 되고 싶어요.

나 : 그래, 지금은 어떻게 해서 극복했니?
후보자 : 스트레스를 더 이상 안 받으려고 노력했어요. 운동을 하고, 환경을 바꾸고 저만의 취미생활을 찾아나갔어요.

나 : 그래, 그렇다면 우울증과 행복을 연결해서 메시지를 전할 수도 있겠구나. 너의 진심을 그대로 담는다면 내가 굳이 피드백을 하지 않아도 너의 연설은 이미 명문장이 될 거야.

"안녕하십니까? 전교 회장 선거에 출마한 기호 0번 000입니다. 저는 지난 2년간 우울증을 심하게 앓았습니다. 가족들이 많이 걱정할 정도였고 병원에서 약을 먹고 치료했습니다. 몸무게는 급격히 불어났습니다. 어떤 이는 이런 제가 못났다고 생각하실지 모릅니다. 하지만 저는 알고 있습니다. 이런 심리질환은 걸려본 사람만이 안다는 것을요. 최근 통계청의 자료에 따르면 지난해 중·고등학생 25.2%는 최근 1년 동안 우울감을 경험한 적이 있었다고 합니다. 단순히 우울한 감정을 느낀 것이 아니라 2주 내내 일상생활을 중단할 정도로 슬프거나 절망감을 느끼는 그런 감정입니다. 확률적으로 본다면 이 연설을 듣고 있는 학생 4명 중 1명은 이 감정을 경험해 봤을 겁니다. 저와 비슷한 고민이 있었던 학생들이 있다면 보여주고 싶습니다. 부족한 저도 이렇게 용기 내어 나왔다는 것을요.

제가 전교 회장이 된다면 모든 학생들이 행복할 수 있는 학교를 만들겠습니다.

첫 번째 공약은 학교에 휴식공간을 확충하겠습니다. 여러분 모두 공부하느라 스트레스 많이 받으시죠? 사람이 쉴 때는 제대로 쉬어야 합니다. 차라도 마시며 앉아 쉴 수 있는 공간들을 더 구성하겠습니다.

두 번째 공약은 학교 체육대회를 활성화 하겠습니다. 예전 우리 부모님, 할아버지 시대 때에는 조금 먹고 많이 움직였습니다. 그런데 요즘 학생들은 많이 먹고 조금 움직입니다. 그래서 남은 에너지가 육체로 소모되지 않으니 모두 정신에너지로 간다고 합니다. 그렇기에 운동은 심리적으로도 몹시 중요한 역할을 합니다. 반별 축구 대회뿐만 아니라 농구 대회, 배구 대회를 더 추가하겠습니다. 또한 거기에 따르는 안전 관리를 위해 안전교육을 확대 실시하겠습니다.

세 번째! 수호천사 제도를 도입하겠습니다. 학교생활하면서 어렵고 힘든 일이 있을 때 선배와 친구들이 적극적으로 돕겠습니다. 총무와 각 부서 부장, 차장을 비롯한 전교 학생회 임원들 모두 수호천사가 될 것입니다. 또한 희망자에 한해서 신청을 받아 추가 편성하겠습니다. 그래서 누구도 외롭지 않은! OO학교를 만들겠습니다!

내일이 기다려지는 행복한 학교! 학생들이 참여하는 유쾌한 학교! 여러분들과 함께라면 저의 앞에 불가능이란 없습니다. 감사합니다. 기호 O번!

OOO이었습니다.

 학교 다니다 보면 실제로 우울증, 조울증, 조현병, 공황장애 등의 증상을 나타내는 친구가 나타날 수 있다. 리더는 이러한 심리적인 질환에 관련된 이해가 필요하다.

끊어 읽기

연설문이 완성되면 가장 먼저 끊어 읽기 표시를 해야 한다. 사람마다 어디서 끊는지에 대해 조금씩은 다를 수 있으나 거의 흡사하다. 대략적으로 읽었을 때 자연스럽고 말이 되게 끊으면 된다. 이렇게 끊어 읽는 이유는 말의 속도 조절과 호흡조절을 위해서이다. 또한 연설문은 수십 번 수백 번 반복해서 연습해야 한다. 그렇기 때문에 읽을 때마다 끊는 부분이 다르면 다소 감정을 표현하거나 암기를 하는데 지장을 줄 수 있다.

간단한 예시를 통해 끊어 읽기 표기를 해보겠다.

안녕하세요? / 저는 학생회장 선거에 나온 / OOO입니다. / 여러분! / 저는 원고를 받을 때 가장 먼저 하는 일은 / 끊어 읽기 표시입니다. / 왜냐하면 / 이런 과정을 통해서 호흡을 조절할 수 있기 때문입니다. / 만약 이런 끊어 읽기 표기를 제대로 하지 않고 / 연단 위에 올라선다면 어떻게 될까요? / 어느 순간 호흡이 부족해서 / 헉헉대는 연설자의 모습을 / 보게 될지도 모릅니다. / 저는 이것을 통해 휴식의 중요성을 깨달았습니다. / 우리는 해외의 어떤 나라보다 / 학교와 학원에서 보내는 시간이 많습니다. / 우리나라 교육열은 위대하지만 / 학창시절 아름다울 수 있는 추억은 / 그 그늘에 가려 빛을 발하지 못하고 있습니다. / 저는 이런 분위기와 풍토 안에서 / 아름다웠다고 기억될 수 있는 학창시절을 만들고 싶습니다. /

제 공약은 / 동아리 활동을 보다 더욱 활성화하고 / 아주 가끔씩은 야외 수업을 할 수 있도록 건의하겠습니다. /

정일근 시인의 바다가 보이는 교실에는 / 이런 문장이 나옵니다. / 잠시 교과서를 덮어라! / 첫눈이 오는구나. / 은유법도 문장성분도 잠시 덮어두고 / 저 넉넉한 평등의 나라로 가자. / 칠판에 가득 적어놓은 / 법칙과 법칙으로 이어지는 / 죽은 모국어의 흰 뼈를 지우며 / 한 몸이 되어 달려 나가자! / 실제로 정일근 시인은 / 국어교사 출신입니다. / 수업 도중 책을 덮고 제자들과 함께 벚꽃길을 걷거나 / 여름이면 배를 타고 동해 바다에 나아가 야생 돌고래를 직접 만나며 수업을 했다고 합니다. / 우리가 그 정도까지는 아니더라도 / 아주 가끔 식은 야외 수업을 통해 / 보다 아름다운 학창

시절의 기억을 되새깁시다. /

 내가 끊은 문장이라고 해서 하나의 길만 있는 것은 아니다. 조금 더 길게 끊을 수도 있고 짧게 끊을 수도 있다. 본인이 호흡하기에 괜찮고, 적정한 속도로 대사 전달이 명확하게 이루어지면 그것으로 된다.

청중들을 보아라

연설을 할 때에는 청중을 보고 해야 한다. 너무 떨리거나 긴장되어서 원고를 다 암기했는데도 고개를 숙이고 하거나 벽에 걸려있는 시계만 보며 연설해서는 안 된다. 청중들의 모습 중에서도 눈을 봐야 한다. 청중은 연설자가 나와 눈이 마주쳤다는 순간 더 집중한다. 왜냐하면 마주보고 대화하는 느낌이 들기 때문이다.

 내가 청중을 볼 수 있기까지 걸린 시간은 5년 정도는 걸린 것 같다. 초등학교 1학년~5학년 때까지는 내가 준비한 원고를 외우고 안 까먹는데 급급했다. 그런데 중학교 2학년 때 학급에서 연설을 하는데 나의 이야기를 집중하고 있는 친구들의 얼굴이 보였다. 그리고 시간이 더 지나 청중들의 감정이 느껴졌고, 지금은 나의 강연에 웃기도 하고 울기도 하는 청중들이 생겨났다.
 나는 이 단계까지 오는데 시간이 많이 걸렸다. 하지만 여러분들은 나보다 빨리 습득할 것이라 생각한다.

 처음에 연습할 때에는 가족이나 지인을 불러 놓고 오른쪽에 한 명, 중간에 한 명, 왼쪽에 한 명 이렇게 세 명 정도는 앉혀 놓고 연습하는 게 좋다. 그리고 골고루 보는 연습을 해야 한다. 왼쪽에 한 5초 정도 바라보다가 중간에 한 5초 정도 바라보다가 오른쪽에 5초정도 바라보다가 처음에는 이렇게 연습한 다음 익숙해지면 연설을 하면서 바라보는 연습을 해야 한다. 청중들이 많을 경우에는 한 명 한 명 눈을 다 마주치는 것은 현실적으로 불가능하기에 3등분 혹은 6등분, 9등분을 해서 거기에 있는 한 사람 정도씩 눈을 맞춰 나가면 된다. 이게 익숙해지기 시작하면 어느 순간 굳이 의식하지 않아도 자연스럽게 청중과 마주하며 대화하듯 연설하는 본인을 발견할 수 있다.

 그렇다면 예시 원고를 통해 바라보기 연습을 해보자. 이번에는 1분단~4분단까지 있다고 가정하고 8등분을 했다.

안녕하세요? 저는 반장 선거에 출마한 OOO입니다. (정중앙 전체적으로 바라보기)

제가 선거에 출마하기 위해 가장 먼저 연습한 일은 청중 바라보기입니다. (1분단 앞쪽)

집에서 부모님과 동생, 강아지까지 동원해서 한 명 한 명 바라보며 연습했습니다. (2분단 앞쪽)

연설에서 청중을 바라본다는 것은 존중을 의미합니다. (3분단 앞쪽)

우리가 상대방과 대화할 때 그 사람을 바라보며 이야기하는 것은 기본적인 예의니까요. (4분단 앞쪽)

 하지만 저는 이 예의를 지키기 위해서도 상당한 연습이 필요했습니다. (전체적으로 바라보기)

상당히 큰 용기가 필요했습니다. (제스처와 함께 전체적으로 바라보기)

이 앞에 나온다고 생각하니 너무 긴장이 되었거든요. (2분단 뒤쪽)

 제가 만약 반장이 된다면 여러분들을 항상 존중하겠습니다. (3분단 뒤쪽)

두렵고 떨리고 긴장되는 일이라도 여러분들이 목소리를 내는 곳이라면! (4분단 뒤쪽)

외면하고 회피하는 것이 아니라 정면으로 마주하겠습니다. (1분단 뒤쪽)

그래서 그것을 꼭 해결해 낼 수 있는 반장이 되겠습니다! 기호 1번 OOO을 기억해 주십시오. 여러분만을 위해 일하겠습니다. 감사합니다. (전체적으로 바라보기)

 대략 이렇게 구성해 보았다. 만약 연설 도중 분위기를 흐리거나 떠드는 학생이 있다면 그 학생을 바라보며 연설을 해서 기선 제압을 할 수 있다. 노려보거나 화난 얼굴로 보는 게 아니라 그 상태에서 떠드는 학생을 주시하며 연설을 해도 웬만해서는 분위기가 잡힌다.

 그냥 나가서 연설을 하는 것도 부담스럽고 어려운데 청중 눈을 바라보며 연설하는 것은 더 부담이 될 것이다. 이미 그 단계에 올라간 친구들도 많이 있을 것이다. 본인이 그렇지 않은 경우라면 연설을 잘하려면 필수적인 단계이니 꼭 많이 연습해서 도달하길 바란다.

연설 원고
암기 비법 1

　　　　　　　　한 학생이 이런 질문을 했다. 자신은 분명 원고를 다 외우고 연설을 했는데 그 앞에 서니 하얗게 되어버렸다는 것이다. 하나도 기억이 안 나고 멍하게 있다 내려왔다고 한다.

　연설 원고를 암기하는 방법은 시험 문제를 이해하고 암기해서 적어내는 것과 다르다. 시험 암기를 2D라고 본다면 연설 원고 암기는 3D다. 현장의 상황까지 고려하지 않으면 안 된다.

　앞에 나섰을 때 긴장감, 대중들이 모두 나를 마주 보고 있는 시선, 중간에 뭔가 원고 암기를 까먹게 만드는 산만한 환경 등 이런 입체적인 상황까지 고려하고 연습해야 한다.

 시험 문제 풀듯이 쭉 암기하고 머릿속으로 몇 번 되뇌었을 때 그대로 다 기억한다면 "다했다! 드디어 다 외웠다!"가 아닌 것이다. 그렇게 하다가 청중 앞에 서면 멍~해지는 현상이 나타난다.

 외워도 외워도 수십 번 더 외워야 한다. 그리고 환경을 최대한 실전처럼 만들어야 한다. 사람들이 많이 보는 공원에 가서도 연습해봐야 한다. 약간은 미친 사람처럼 해야 한다. 그 긴장되고 두근거리는 순간에 대한 면역력이 생겨나야지 앞에 나가서도 잘 할 수 있다.

 나와 같은 경우에는 어렸을 때부터 반장 선거는 모두 다 나갔다. 각종 웅변대회 동화구연 대회들을 있는 대로 나가면서 실전에서 연습했다. 또한 무대 긴장감을 스스로 극복하기 위해 처음 만나는 사람에게 말을 걸어보거나 바이올린을 들고 동네를 걸어 다니며 연주를 한 적도 있다. 암기뿐만 아니라 심리전에서도 승리해야 한다.

 선거에서 몇 번 떨어지고 나면 경험을 통해서 알 수 있다. 이번 선거가 처음이라면 긴장감으로 인해 원고를 하얗게 잊어버리는 현상이 발생할 수 있다는 것을 인지하고 연습해야 한다.

연설 원고
암기 비법2

때로는 암기에 재능이 있는 사람이 있다. 내가 특수학교에 근무할 때 제자 중 한 명이 그런 학생이었다. 서번트 증후군을 가지고 있었는데 놀랄 정도로 기억력이 좋았다. 그 이후로 수년이 흐른 뒤 길에서 우연히 만났다. 놀랍게도 그 친구는 수업 시간에 잠깐 스쳐가며 했던 이야기를 모두 다 기억하고 있었다. 더욱이 나의 나이, 나의 아버지가 무엇을 하시는지, 과거에 무슨 일을 하셨는지 등 모든 신상을 다 기억했다. 당시 수업을 할 때에도 자신이 봤던 설명서의 세부 조항까지 기억을 해낼 정도로 특별했다.

이런 암기에 특별한 재능을 가진 학생이 아니라면 연습을 제대로 할 수 있는 환경, 노력에 의해서 좌우된다.

 만약 학생이 선거에 출마하는데 학교 마치고 늦게까지 학원 갔다가 귀가해서 피곤한 채로 바로 자버린다면 연설 원고를 연습할 수 있는 환경이 제공되지 않는 것이다.
 이런 것을 업으로 삼고 있는 나도 5분 분량의 연설을 해야 할 경우 일주일 이상 원고 연습을 한다. 그래야지 원고 암기가 되고 몸에 익숙해진다.

 야구 글러브에 비유하면 처음에 산 글러브를 손에 꼈을 때 뻑뻑한 느낌을 받는다. 하지만 여러 번 사용할수록 점점 더 감을 익히고 나에게 맞춰진다.

 원고도 마찬가지로 단순 암기하는 것을 넘어서 나에게 맞춰질 때까지 외워야 한다. 그것을 할 수 있는 환경이 필요하다. 반장이 되는 게 1주일 학원 공부하는 것보다 중요하다고 판단된다면 그 1주일은 연습을 충분히 할 수 있는 환경을 제공해 두는 것이 좋다.

 다음은 노력이다. 재능이 뛰어난 친구가 한 번 만에 다 외웠다면, 나는 수백 번 수천 번 연습해서 외우면 된다. 결과적으로 원고에 완전히 도달하는 길은 같다.

만약에 그 천재적인 암기력을 갖고 있는 제자에게 내가 연설 연습을 시킨다면 보통 학생들 보다 훨씬 더 많은 연습을 시킬 것이다. 왜냐하면 그 친구는 단순히 암기를 한 것뿐이기 때문이다. 무미건조하게 읽는다. 그것을 바꾸기 위해 이 친구는 더 많은 노력이 필요할 것이다.

이렇게 많은 반복을 통해서 원고를 외우고 다른 방법이 있다면 이미지 트레이닝이다. 눈을 감고 내가 현장에서 연설하는 상황을 떠올리며 소리 내지 않고 연습하는 것이다. 연습을 많이 하다 보면 목이 아프거나 휴식이 필요할 때 이런 방법을 통해 수련할 수 있다.

또는 원고를 분절해서 안 되는 부분 위주로 더 많이 연습하거나, 핵심 키워드를 연상해가며 하는 방법도 있다. 그런데 원고 자체가 기본적으로 자신의 이야기를 통해 작성되어 있다면 암기가 훨씬 쉬울 것이다. 외에도 많이 연습하다 보면 본인만의 노하우가 나타난다. 그리고 그 방법을 택하는 게 좋다. 남이 좋다는 것을 잘못 따라 하다가는 이것도 저것도 안 되는 경우가 발생할 수 있기 때문이다.

하나의 전제는 분명하다. 원고 암기에 가장 확실한 방법은 반복이고 또 반복이다!

방송실 연설
꿀 팁!

　　　　　　방송실에서의 연설은 강당이나 교실에서 하는 경우와 다소 다른 점이 있다. 그렇기에 연습 방법도 달라져야 한다. 강당에서는 시야를 둘 때 넓게 퍼진 청중들을 골고루 바라보며 해야 한다면 방송실은 카메라를 보며 해야 한다.

　그렇기에 본인은 실전처럼 많이 연습해갔는데 카메라를 보는 순간 다시 백지화되어 버리는 경우가 발생하는 것이다.

　이럴 때 실전처럼 연습은 카메라를 보고 해야 한다. 집에 만약 dslr이 있다면 렌즈를 바라보고 똑바로 앉아서 연습해야 한다. 이 렌즈가 익숙하지

앉을 때 렌즈에 자신이 쭉~ 빨려 들어가는 느낌이 들면서 백지화되어버리는 것이다.

또한 조명 밝기 여부도 파악해야 한다. 방송실 조명이 너무 강해 내가 발표를 하는데 지장이 따른다면 미리 체크를 하고 요청해야 한다.

미리 자신이 영상을 찍어 확인해 보는 것도 괜찮다. 그럴 경우 생각지도 못했던 습관들을 발견할 수도 있다. 마이크에 다고 쩝쩝 거린다거나, 쓰읍 쓰읍 이렇게 청중들이 듣기 불편한 소리를 낸다거나 하는 것을 확인할 수 있다.

연설 원고는 내가 완전히 암기했다고 하더라도 만에 하나 상황에 대비해서 가지고 가야 한다. 재킷을 입고 있다면 안주머니에 깔끔하게 넣고 원고를 까먹어 버렸을 때 꺼내어 보면 된다. 물론 가급적 안 보는 것이 좋다. 어쩔 수 없는 경우에는 아무 말도 하지 못하고 내려오는 것보다는 그렇게라도 진행해야 한다는 뜻이다.

본인이 애드리브로 상황을 모면할 수 있다면 그렇게 해도 되지만 그러지 못할 때 최악의 상황을 피할 수 있게 원고를 준비해 가자.

목소리
키우는 법

예전에 웅변학원에 가면 1단계, 2단계, 3단계, 4단계, 5단계, 6단계 이렇게 나누어서 발성연습을 했다. 1단계는 약하게 아~~ 2단계는 그것보다 더 크게 3단계는 평소 대화하듯이 그리고 6단계는 자신이 낼 수 있는 최대의 크기로 소리를 내 지른다. 그렇게 해서 대본을 구성하고 마지막에는 "이 연사 자신 있게 외칩니다!" 하면서 소리를 내지르면서 연설이 끝났다.

요즘은 어느 누구도 그렇게 하지 않는다. 연설도 시대가 변하면서 달라졌다. 점점 대화하듯 자연스러워진 것이다.

그런데 변화된 와중에서도 소리를 크게 내질러야 될 때가 있고, 작게 해야 될 때가 있다. 그런 기술 연마에 있어서는 예전 웅변 기술을 도입할 필요가 있다.

 연설을 할 때에는 기본적으로 자신의 목소리보다 더 크게 해야 한다. 더욱이 교실에서 마이크 없이 연설하게 되면 더욱더 크게 소리를 내어야 뒤에 앉아 있는 학생들에게까지 전해진다.

 경험이 부족한 대다수의 학생들은 목소리가 작아지는 경향이 있다. 그렇게 되면 청중들은 집중력이 떨어진다. 처음부터 무슨 말인지 이해를 못 하게 되니 뒤에도 관심을 못 가진다.

 그렇기에 목소리 크기의 기준은 가장 멀리 앉아 있는 학생으로 잡아야 한다. 그 학생이 선명하고 또렷하게 들릴 정도로 연설해야 한다.

 나와 같은 경우는 후보자의 목소리가 너무 작을 때 이런 방법으로 목소리를 키워낸다.

 "누군가 너의 뒤통수를 가격하고 도망갔다고 생각해봐. 너는 뭐라고 소리칠 것 같니?"라고 묻는다. 그러면 후보자는 그 감정을 생각하며 "야!!!" 하고 소리친다. 나는 더 크게 소리쳐도 된다고 이야기한다. 아파트에 살고 있더라도 이웃집에서 항의해도 좋으니 있는 힘껏 소리치라고 한다. 그리고 난 뒤 그 볼륨으로 연설 원고를 다시 읽힌다. 그러면 확실히 목소리가 커져서 연설하게 된다. 그렇게 목소리를 키웠다면 다시 크기를 조절해서 적합한 성량을 찾을 수 있다.

말에도
음악성이 있다

　　　　　　　　음악에서 빠르기가 있고, 높낮이가 있고, 강약이 있는 것처럼 연설에서도 마찬가지다.
만약 한 연설자가 처음부터 끝까지 일정한 높이와 속도, 크기로 연설을 했다고 가정해보자. 청자들은 참 지루하게 느껴질 것이다. 말은 빠르게 했다가도 느리게 하고, 약하게 했다가도 특정 부분에서는 강하게 이야기할 수 있어야 한다. 또한 감정 상태에 따라 높낮이가 바뀌기도 한다.

　기쁜 이야기를 할 때는 속도가 빨라지면서 톤이 높아진다. 슬픈 이야기를 할 때는 속도가 느려지면서 톤도 함께 낮아진다.

희망찬 이야기나 분노감을 표현할 때는 강하게 이야기할 것이며 안타까운 이야기를 할 때에는 비교적 약하게 이야기한다.

이러한 역동성을 주지 않으면 연설은 몹시 무미건조해진다.

 또한 특별히 강조하고 싶은 부분이 있을 때 그 단어를 짧게 끊어서 힘을 주어 이야기할 수 있다. 대체적으로 "첫째!" "둘째!" 이렇게 숫자를 나타낼 때나 문장 전체에서 중요한 단어에 활용할 수 있다. 그런데 지나치게 사용하면 중요도가 희석되거나 청중들이 불편할 수 있으니 꼭 필요한 경우에 한해서만 배치하는 게 좋다. 음악으로 치면 스타카토와 비슷하다.

 말의 속도와 높이, 강약에 변화를 줘라! 당신의 연설은 살아서 움직이는 생명체가 되어 있을 것이다.

연설에
감정 표현하기

연설에 희로애락의 감정이 포함되어 있는 경우가 있다. 이런 감정을 표현하게 되면 목소리나 호흡, 표정 등은 자동으로 따라온다. 기쁨을 표현할 때는 기쁜 마음으로, 분노를 표현할 때는 분노하는 마음으로, 슬픔을 표현할 때는 슬픈 마음으로, 즐거움을 표현할 때는 즐거운 마음으로 연설해야 한다.

 그런데 주의해야 할 점은 지나치거나 어울리지 않게 표현하는 것이다. 감정을 표현한다고 해서 그렇게 까진 슬픈 내용이 아닌데 울고 있거나 그다지 기쁜 내용은 아닌데 과하게 기뻐하고 있으면 이상한 사람처럼 비추어질 수 있다.

마찬가지로 기쁜 이야기를 하는데 슬픈 모습을 하고 있거나 슬픈 이야기를 하는데 밝은 모습을 하고 있는 것 또한 어색하게 보이게 된다.

 그렇기 때문에 연설은 자신의 마음에서 올라오는 자연스러운 감정을 슬며시 얹는다는 느낌으로 다가가야 한다.

 그렇다면 이런 걱정을 하는 사람들이 나타날 수 있다. 감정이라는 것은 본래 마음속에서 스스로 일어나는 것인데 이것을 연습해서 나타낸다는 것은 가식적으로 비추어지지 않을까? 그리고 연습하면 연습할수록 감정이 무뎌져서 다른 사람에게 감동을 주지 못하는 연설이 되지는 않을까? 하는 점이다. 그래서 어떤 이는 '연습은 너무 많이 하면 안 좋다.'라고 이야기하는 사람도 있다.

 이에 대해 내 견해는 다르다. 연설을 너무 많이 해서 당일 목이 쉬거나 컨디션 조절에 문제가 생길 정도로 해서는 안 되겠지만 연습은 하면 할수록 실력이 는다.

 가수 태진아의 사모곡을 들어보면 마지막에 "어머니!" 하고 흐느끼며 무릎을 꿇고 주저 않는다. 사람들은 그 장면을 보고 눈물을 흐느끼기도 하고 그 감정에 함께 동요된다. 그렇다면 태진아는 그 사모곡을 몇 번을 연습했을까? 아무래도 최소 수십만 번 이상은 불렀을 것이다. 그렇게 수많은 연습으로 다져진 가수의 표현력이 시청자들의 가슴을 울린다. 연설자 역시 수많은 연습을 통해 표현력을 길러야 청중을 마음을 움직일 수 있다.

좋은 목소리 갖는 법

　　　　　　　연설자는 호감 받는 목소리를 갖추는 게 중요하다. 피아노로 쳤을 때 남자는 '레'음에 가까울 때 여자는 '솔'음에 가까울 때 매력적인 목소리라고 한다. 그래서 방송 아나운서나 스튜어디스의 목소리를 들어보면 비슷비슷한 느낌이 드는 것이 이런 이유다. 개인적인 견해로 가장 빨리 도달하는 길은 모방이다.

　오랜 시간 복식호흡을 해도 발성연습을 해도 잘 고쳐지지 않는 사람이 있다면 '모방'을 통해 변화시켜 보길 권유한다.

　우선 모방을 하기 위해서는 대상을 선택해야 한다. 그다음 녹음을 해서 무한 반복으로 들으며 학습해 나가면 된다. 그 사람의 목소리 밝기, 속도, 크기, 호흡 등 최대한 가급적 똑같이 하려고 노력하다 보면 어느새 나의 것으로 체득이 된다. 그렇게 온전히 습득했다고 해서 그 대상과 목소리가 똑같아지는 것은 아니다. 자신의 개성을 가진 목소리 안에서 그 대상의 기술력을 확보하게 될 것이다.

 나도 마찬가지로 그렇게 훈련을 했지만 어느 누구도 특정인과 내 목소리가 같다고 느끼는 사람은 없다.

 내가 목소리가 바뀌는 데까지 걸린 시간은 약 6개월 정도였다. 아나운서나 정치인의 목소리를 휴대폰에 녹음 해놓고 산책 할 때 계속 들으며 다녔다. 그리고 그냥 듣기만 한 게 아니라 똑같이 따라서 연습했다. 최소 8분 분량의 내용을 모두 암기해서 녹음된 대상의 목소리와 완전히 일치할 수 있을 때까지 연습한 것이다. 이후 한동안 만나지 못했던 대학 동창들을 만났는데 목소리가 바뀌었다며 깜짝 놀라워했다. 당연히 훨씬 좋아졌다고 전했다.

 음악에서 같은 음을 동시에 내면 소리가 울리는 현상을 느낄 수 있다. 만약 옆에 누군가와 같이 있다면 한 사람이 아~~ 하고 소리를 내고 다음 사람이 똑같이 아~~~ 하고 함께 소리를 내 보아라. 둘 다 동시에 아~~~ 하는 소리가 음정과 크기 등이 일치할 때 완전히 다른 느낌을 체험할 수 있다. 아주 조금이라도 음 높이가 다르면 그 느낌을 체험할 수 없다.

 그런 게 체득되었다면 본인이 멘토로 삶을 만한 목소리를 녹음해 수없이 들으며 훈련해 나가보라. 언젠가 확 달라진 자신의 목소리를 만날 수 있을 것이다.

 또한 멘토 목소리 선정할 때에는 가급적 자신의 목소리와 어울리는 사람으로 선정하라. 남자인데 여자 아나운서를 거울삼아 연습하고, 여자인데 남자 아나운서를 거울삼아 연습해서는 안 된다.

 아직 변성기가 지나지 않은 남자 초등학생이라면 무리하게 목소리를 변형 시키지 말고 속도나, 발음, 호흡 정도만 고려해서 연습해 나가는 게 좋다.

발음이
잘 안되는 부분

원고 연습을 하다 보면 발음이 잘 안되는 부분이 나타날 수 있다. 본래 자체의 단어가 발음하기 어려워서 그런 부분도 있고 유독 자신이 그 발음이 잘 안되는 경우도 나타난다. 그럴 때에는 따로 표기를 해 놓고 그 발음만 중점적으로 연습하면 된다. 느리게 연습하다가 점점 속력을 붙여서 연습을 하면 자연스러워진다.

볼펜을 입에다가 물고 연습하는 방법도 있다. 아이스크림을 먹듯이 세로로 무는 것은 아니고 가로로 물고 발음 연습을 한다. 이럴 경우 처음엔 몹시 해괴한 소리가 날 수 있다. 그러나 지속적으로 연습하다 보면 그 발음과 유사해진다. 그리고 볼펜을 빼고 연습했을 때 보다 발음이 정확해졌다는 것을 알 수 있다.

또한 그 단어나 문장을 대체할 수 있는 다른 용어가 있는지 파악해 봐야 한다. 그리고 교체가 가능하다면 교체하는 것이 좋다.

가령 경상도 사람의 경우 일부는 '쌀'이라는 발음이 잘 안된다. 젊은 친구들은 잘 되는데 60대 이상 어르신들의 경우 특히 '살'이라고 읽는 경우가 많다.

이런 것을 본인이 인지했다면 원고 내용 자체를 이렇게 바꿀 수 있다.

< "여러분! 저는 어렸을 때 **쌀**이 없어서 배고픔에 굶주려야 했습니다." >

-> "여러분! 저는 어렸을 때 **식량**이 없어서 배고픔에 굶주려야 했습니다."

-> "여러분! 저는 어렸을 때 **먹을 것**이 없어서 배고픔에 굶주려야 했습니다."

-> "여러분! 저는 어렸을 때 **가난**으로 인해 배고픔에 굶주려야 했습니다."

이렇게 꼭 그 단어를 사용하지 않고도 전달이 되면 바꾸는 것도 방법이다.

만약 급식이라는 단어가 발음하기 어렵다면 점심 식사로 표현을 바꿀 수 있다.

<한 달에 한 번 **급식시간**에 여러분들이 원하는 메뉴를 제공하겠습니다!>

-> 한 달에 한 번 **점심 식사** 때 여러분들이 원하는 메뉴를 제공하겠습니다!

자신감 키우는 방법

자신감을 키우는 방법으로 나는 크게 3가지를 제시한다. 하나는 도덕적인 당당함이다.

어느 날 학교폭력 설문조사가 진행되었다고 가정해보자. 학교폭력에 조금이라도 가해 경험이 있다면 심리적으로 긴장되기 시작할 것이다. 그런데 남을 괴롭히거나 욕한 적이 일절 없는 학생이라면 그 설문조사가 두렵지 않다.

세상을 바르게 살아가야 하는 이유가 여기에 있다. 심리적으로 거리낌 없이 살아갈 수 있는 힘이다. 그 힘은 몹시 강하다.

그런데 사람이 한 평생 살아가다 보면 늘 바른길만 걷고 살아가기는 어렵다. 그 길을 추구하더라도 자의든 타의든 옳지 못한 일에 휩쓸리게 될 수 있다. 그럴 때에는 나에게 올 수 있는 피해를 감수하고 나아가면 된다. 그것을 외면하지 않고 감당하겠다는 마음이 두려움을 돌파할 수 있는 유일한 방법이다.

두 번째는 내가 하는 일이 옳다는 확신이다. 성격이 참 여성스러운 한 남학생이 있었다. 평소 발표하는 일도 잘 없고 내성적인 편이었다. 그런데 교회에서 하는 일에 대해선 몹시 적극적이다. 하나님을 기쁘게 해드린다는 사명감이 그 학생을 움직였다고 한다.

선거에서 그 옳다는 확신은 유권자를 위해 봉사하겠다는 마음이다. 내가 당선되어서 얻는 혜택보다 봉사하겠다는 마음이 앞설 때 긴장감은 해소되고 자신감은 상승한다.

세 번째는 실력에 우위를 점하는 것이다. 내가 어떤 일이 잘할 때 자신감은 상승한다. 영어를 잘하는 학생이라면 영어시간에 체육을 잘하는 학생이라면 체육시간에 남들보다 집중하고 자신감이 넘치게 된다. 마찬가지로 상대방 보다 연설을 잘하고 좋은 연설문을 갖고 있으면 자신감이 생긴다. 그 길로 나아가는 방법은 연습과 수많은 도전에 있다.

만약 부모가 할 수 있는 일이 있다면 아이에게 칭찬을 해주는 것이다. 간혹 자수성가한 부모님들을 만나게 될 때가 있다. 그런 경우 아이의 웬만한 일에도 칭찬을 하지 않고 혼을 낼 때가 많다. 그러면 아이는 기가 죽게 되고 불안증이 올 수 있다. 남에게 피해를 주는 잘못을 저질렀을 때에는 아이의 미래를 위해서 단호하게 혼내야 한다. 그렇지 않을 경우 가급적 칭찬을 해주는 게 아이의 미래를 위해 낫다.

[야!! 너 성적이 이게 뭐니?!!] (x)

[이야~ 수고 많았어. 다음에는 더 잘할 수 있을 거야] (O)

토론
잘하는 법

　　　　　　　　　　전교 회장 선거에서는 학교에 따라 토론을 하는 경우도 있다. 이때 후보자의 역량이 유권자에게 많이 평가된다.

　토론을 잘하려면 상대방의 질문을 예측하고 답변을 미리 준비해야 한다. 주된 질문은 공약에 대한 것이다. 그렇기에 자신이 내건 공약만큼은 상대방이 납득할만한 구체성이 확보되어야 한다. 또는 후보자의 평소 행실이나 약점을 파고들어오는 경우도 있다. 이에 대해서도 본인만의 답변을 확보해야 한다.

　만약 전학 온 학생에게 상대 후보자가 이런 공격을 했다고 가정해보자.

　A후보자 : B후보자님은 다른 학교에서 전학을 왔습니다. 전학 온 사유가

학생회장이 되어서 내신에 이득을 취하고자 함이 아닙니까? 또한 B후보자님은 우리 학교에 대해 제대로 알고 있다고 생각하십니까?

 이런 질문을 받았을 때 B후보자는 어떻게 받아칠 수 있을까?

B 후보자 : 부득이하게 아버지가 직장을 옮기시게 되어서 전학을 왔습니다. 학생회장 입후보 기준에는 '전학생은 등록할 수 없다.'라고 명시되어 있지 않습니다. 전학생일지라도 똑같은 하나의 우리 학교 학생으로 대우한다는 점입니다. 비록 A후보자님에 비해 부족하고 모자랄 수는 있습니다. 하지만 전학생을 받아준 학교를 위해 봉사하겠다는 의도를 왜곡하지 않아 주셨으면 좋겠습니다.

 실제로 선거 공방이 치열한 학교에서는 이보다 더한 질문이 쏟아지기도 한다. 특히 전교 회장과 부회장이 아주 근소한 차이라면 신경전이 더 심하게 과열되는 경우가 있다. 그런 와중 상대방의 공격을 예상하지 못한다면 당황할 수 있다. 그렇기에 만에 하나의 가능성도 대비해 두자.

사회자의 이벤트성 질문도 대비해야 한다.

 간혹 토론 사회자가 우리 학교의 교목은 무엇입니까? 등에 대한 정보를 기습적으로 물어본다. 학교에 대해 후보자가 얼마큼 관심을 가지고 있는지 파악하기 위해서이다. 그럴 것을 대비해 학교 홈페이지에 들어가면 학교소개, 건학이념, 교육목표, 학교상징, 교장선생님 인사말 정도는 파악해 두도록 하자.

 대학 총학생회 선거에서는 후보자에게 교가를 불러보라고 하는 경우도 있다. 대학생은 교가가 있는지도 잘 모르는 경우가 많다. 그렇기에 준비되어 있지 않으면 후보자는 당황할 수 있다.
 역으로 생각해 본다면 이런 위기는 때론 기회다. 상대 후보가 대답을 못할 때 만약 자신이 멋지게 대답을 한다면 호감도가 상승할 수 있기 때문이다.

말이 안 맞는 공격에 대한 대응 방법

 간혹 상대방이 전혀 이치에 안 맞는 말을 끌고 와서 연결하는 경우도 있다. 그렇게 되면 후보자는 순간적으로 당황할 수 있다. 저 사람이 도대체 무슨 말을 하는 거지? 하고 머릿속이 헷갈리기 때문이다.

 그때는 'A는 B라는 논제가 성립되지 않습니다.'라는 문구를 활용하면 된다.

 실제로 한 전교 부회장 선거에서 있었던 사례이다. 후보자에게 질문을 할 수 있는 시간이 있었고 대의원 한 명이 전교 부회장 후보에게 이렇게 질의했다.

대의원 : 전교 부회장을 왜 하고 싶습니까?
후보자 : 전교 회장을 도와서 학생들을 위해 일 하고 싶어서입니다.

대의원 : 회장을 도와서 일하는 것은 학생을 등지는 것 아닌가요?
후보자 : ...;;

 후보자는 그 순간 도대체 이게 무슨 말이지? 하고 황당했다. 그리고 아무 답변도 못한 것이다. 그런데 속으로는 이렇게 생각했다고 한다. '병원에서 의사와 간호사가 힘을 합쳐 환자를 돕는 게 당연하듯 부회장이 회장을 도울 수 있는데 왜 그게 등지는 일이지?'

 본인이 그렇게 생각했던 것을 그대로 이야기를 했으면 좋았겠지만 마음속으로 정리가 되지 않아 억울한 마음으로 내려왔다고 한다.

 이때 이 학생이 "A는 B라는 논제가 성립되지 않습니다."라는 문구를 기억하고 있었다면 이렇게 대응할 수 있었을 것이다.

 "전교 부회장이 회장을 돕는다고 해서 학생을 등진다는 논제는 성립되지 않습니다."

그리고 부연 설명을 할 수 있다. "병원에서 의사가 환자를 치료할 때 간호사는 정성을 다해서 돕습니다. 그것이 어떻게 환자를 등지는 일이라 볼 수 있겠습니까? 물론 의사가 환자를 의도적으로 해칠 때에는 간호사로서 막아야 하는 게 맞습니다. 그런 일이 아니라면 생명을 구한다는 대전제 아래 의사와 간호사는 힘을 합치는 것이 맞습니다. 전교 회장이 하는 일이 학생들을 위하는 일이라면 저는 총력을 다해 도울 것입니다."

 결국 이 대응은 상대의 말이 이치에 맞지 않다는 것을 직설적으로 표현하는 한 방법이다.

감정을 앞세우면 실수할 수 있다.

 토론을 할 때 감정적으로 이야기해도 안 된다. 간혹 화가 났을 때 말을 잘한다며 토론할 때는 화난 모드로 전환하는 학생이 있다. 물론 말을 아예 안 하는 것보다 낫겠지만 현명한 방법이 아니다. 감정이 앞서면 실수에 노출이 될 우려가 크기 때문이다. 정상급의 격투기 선수들을 보면 자신의 감정대로 싸우지 않는 것을 볼 수 있다. 화난다고 주먹을 아무 곳에나 휘두르면 그것이 오히려 상대방에게 기회를 제공해 주는 꼴이 된다. 차분한 가운데 상대방의 허점을 노리고 빈틈을 가격해야 한다. 토론도 마찬가지로 감정이 앞서면 후회하게 되는 말들을 하게 될 확률이 커진다. 그렇기에 감정보다 이성을 앞세우고 할 말은 냉철하게 하면 된다.

근거자료가 필요하다면 최신 자료로 준비하라.

어떤 학생이 두발 자율화 공약을 내걸었다고 가정해 보자. 상대방 역시 이는 마땅치 않은 공약이라 여기고 반박자료를 준비했다. 그렇게 두발 자율화에 대한 찬반 토론이 붙었는데 한 명은 작년에 발표된 최신 자료를 가지고 왔고, 한 명은 자신이 태어나기도 전에 나왔던 자료를 가지고 왔다. 이렇게 되면 결과는 최신 자료를 가진 후보 쪽으로 기울게 된다.

근거 자료의 출처는 명확해야 한다.

서로 치열한 토론 공방전이 벌어졌는데 상대가 '후보자님의 주장에 대한 근거는 무엇입니까?'라고 묻는 경우가 있다. 이때 답변을 못하거나 인터넷 어디에선가 봤다고 이야기를 하면 신뢰감을 떨어트릴 수 있다. 기사면 기사, 교육청 홈페이지면 홈페이지, 논문이면 논문 등의 출처가 구체적으로 명확해야 한다. 그리고 그 근거 자료는 본인이 소지하고 있을 때 상대가 더욱 반박하기 힘들다.

자료를 수집할 때에는 다수가 객관적으로 신뢰할 만한 자료 확보하라! 그래야 유권자들이 납득한다.

"왜?"라는 질문을 가져라.

토론 잘하는 가장 확실 한 방법은 "왜?"라는 질문을 갖는 것이다. 그리고 거기에 따라 지속적으로 의문을 가지고 파고 들어가야 한다. 그러면 그 많은 가변 수 안에서 상대방의 공격은 이미 예측 가능한 범위 안에 들어온다.

선거에서
잘 당선되는 유형

　　　　　　　　　　그동안 선거 지도를 하며 느낀 것이 있다. 바로 후보자의 의지력이 당선에 80% 이상 영향을 준다는 것이다. 누군가가 시켜서가 아니라 자발적인 마음이 간절할수록 당선되는 경우가 많았다. 그렇다면 의지는 어떻게 알아볼 수 있을까? 글에는 사람의 많은 것을 담고 있다. 대략 보내오는 문장만 봐도 어떤 사람인지 상당한 느낌이 온다.

 한 학생은 이렇게 메일을 보내왔다.

 "채진석 선생님, 제가 전교 회장 선거에 출마하려고 하는데 학생들에게 큰 절을 하고자 합니다. 연설 시작 전에 하는 것이 좋을까요? 아니면 끝나고 하는 것이 좋을까요?"

나는 처음에 하는 것이 좋다고 이야기했다. 왜냐하면 초반 15초 안에 청중들의 관심을 끌만한 행동을 하면 뒤에도 잘 풀리기 때문이다.

 얼마 뒤 당선되었다고 답장을 보내왔다.

 이외에도 후보자의 의지가 강하다면 열악한 조건에서도 당선되는 경우를 많이 봤다. 반면 부모님이 아무리 많이 지원해줘도 후보자의 의지가 약하면 당선 확률이 떨어진다.

 유권자에게 다가가는 것부터가 다르기 때문이다. 선거에서 본인이 꼭 당선되어야겠다는 마음을 가진 친구는 유권자 한 명을 만나더라도 꼭 나를 찍어달라는 메시지가 강하게 전해진다. 그런데 그런 의지가 약한 친구의 경우 자신에게 표를 주는 유권자에게 흡입력 있게 못 다가간다.

 우리가 이성에게 고백할 때에도 '저 사람이 나를 사랑한다. 지켜줄 것이다.'라는 확신이 있어야 상대가 받아들일 수 있다. 선거도 마찬가지로 유권자가 '저 친구가 정말 열심히 할 것이다.'라는 믿음이 전해져야 한다.

 그런 강한 의지를 유권자에게 보여줘라. 당신이 꼭 당선되어야만 한다는 믿음을 가지고 적극적으로 다가가라. 하나 둘, 당신을 알아보는 사람이 생겨날 것이다.

비난은
유머로 받아쳐라

　　　　　　　　　선거를 치르다 보면 다소 상식적이지 못한 상황이 발생하기도 한다. 후보자의 벽보에 누군가가 심한 욕설을 적거나 찢어버린 사례가 있었다. 또는 거짓 소문을 퍼트려 인지도를 떨어뜨리는 상황도 있었다. 이럴 때는 학교 선거관리위원회에 즉각 요청해서 제지를 해야 한다.

　그런데 신고하기가 애매모호한 상황도 있다. 왜냐하면 리더가 된다는 것은 욕을 많이 먹을 수도 있는 자리다. 때문에 일부 유권자가 후보자를 비난하거나 욕하는 경우도 나타난다. 진짜 후보자가 잘못해서 욕하는 경우도 있지만 그렇지 않아도 욕하기도 한다.

　이런 상황에 모두 민감하게 대응한다면 불필요한 적을 만들게 되어서 후보자가 선거 전에 지쳐버릴 수도 있다.

 어떤 학생은 "돼지야!"라는 말에 분노를 해서 멱살을 잡고 싸우는 친구도 있지만
 어떤 학생은 "돼지야!"라는 말에 "어?! 바로 봤어! 당신이 진정한 지식인!" 하고 유머러스하게 넘겨버릴 수 있다.

 심한 경우에는 부모 욕을 하는 경우가 있다. 이럴 때는 누가 가만있을 수 있겠는가? 그런데 그런 와중에서도 "어! 맞아 그거 우리 부모님이셔"라고 유머의 기술 중 '반전'으로 받아쳐버릴 수도 있다.

 이건 선택의 몫이다. 그렇게 유머로 대응했다가 잘 풀리는 경우도 있고, 더 적극적으로 공세 하는 학생들이 나타날 수도 있다. 하지만 큰 꿈을 가진 리더에게 작은 고난은 크게 대응하지 않을 배포도 필요하다.

 선거 과정 중 있었던 역경들을 토대로 연설 원고를 만들 수도 있다.

"여러분! 제가 선거에 출마했을 때 예상치 못한 역경이 찾아왔습니다. 어렵게 제작한 벽보가 누군가에 의해 찢겨나가고 돼지라고 크게 적혀있었습니다. 저는 그걸 보는 순간 깜짝 놀랐습니다!! 어떻게 알았지!? 내가 돼지인 것을 어떻게 알았지!? 라고요. (학생들 웃음) 심지어는 저희 부모님을 욕하는 학생들까지 있었습니다. 저는 그 친구들에게 당당히이야기 했습니다. '그래 맞아! 그거 우리 부모님이셔!!'(학생들 웃음) 여러분! 저는 저

를 싫어하는 사람마저도 사랑할 수 있는 학생회장이 되겠습니다. 저를 미워하는 사람마저도 존중할 수 있는 학생회장이 되겠습니다. 그래서 우리 학교의 대화합을 이루어 내겠습니다! 기호 0번 돼지 000을 기억해주십시오."

 불쾌함을 불쾌함으로 맞대응했을 때 싸움으로 번지는 경우가 많다. 하지만 불쾌함을 유쾌함을 대응했을 때 나를 더 빛나게 만들기도 한다.

불리한 상황을
뒤집는 방법

2002년 월드컵 준결승전 때 골키퍼까지 공격진형으로 나섰다. 나는 그것을 보며 히딩크 감독의 위대함을 느낄 수 있었다. 상황이 불리해서 어쩔 수 없이 지겠다는 판단이 들면 현상을 그대로 유지해서는 안 된다. 유지는 곧 완전한 패배다. 그렇다면 모험을 시도해야 한다. 단 1%의 가능성이라도 있다면 그 방법을 선택하는 것이 맞다.

윷놀이를 할 때에도 마찬가지다. 상대에 비해 완전히 밀리고 있을 때에는 뒷도를 해서 이기거나 말을 여러 개 업어서 가는 방법을 강구해야 한다. 그렇게 하면 아주 약간이라도 승산을 기대해 볼 수 있다.

한 학생이 전교 회장 선거에 출마했다. 그런데 투표일을 이틀 앞두고 후보자는 고심에 빠졌다. 사유는 전년도에 전교 부회장을 한 적이 있었는데 못 지킨 공약 때문이었다. 상대 후보자들은 그것을 맹공격했다. 그리고 교실에 들어갈 때마다 이 후보자는 유권자들의 비난에 시달렸다.

 이때 후보자는 과감한 결정을 한다. 첫 번째는 본인의 원고를 바꾸는 것. 두 번째는 자신을 공격한 후보자를 오히려 치켜세워 주는 것. 세 번째는 낙선하더라도 공약을 지키기 위해 노력하겠다는 것이다.

 바뀌었던 원고에는 본인이 공약을 지키기 위해 노력했던 부분을 담았다.

"존경하는 학우 여러분! 저는 작년에 걸었던 공약 중 하나를 지키지 못했습니다. 죄송한 말씀을 전해드립니다. 다른 후보들의 비판은 모두 맞는 것이며, 이를 무겁게 받아들입니다. 저는 당시 공약을 지키기 위해 교장선생님께 수차례 찾아가서 면담을 했습니다. 그때 들었던 답변은 늘 불가능하다는 점이었습니다. 그럼에도 불구하고 제가 다시 출마한 이유는 학교의 입장보다 학생들의 열망이 더 소중하다는 것을 입증시켜 내기 위해서입니다. 제가 낙선하게 되더라도 그때 걸었던 공약은 학교를 졸업하는 날까지 이루어 질 수 있도록 지속적으로 노력하겠습니다."

 결과는 상황을 뒤집고 당선되었다. 만약 후보자가 공약을 지키기 위해서 일련의 노력도 하지 않았다면 불가능한 일이었다. 또한 감정이 상해서 자신을 공격하는 타 후보와 싸우려 했다면 이미지가 함께 실추되었을 것이다. 마지막에 낙선하더라도 노력하겠다는 점을 강조한 것은 유권자에게 책임감을 보여주는 자세였다.

불리한 상황이 오게 될 경우 외면하지 말고 정면 돌파하는 승부수가 필요하다.

선거 임박했을 때, 원고 수정

앞 장의 내용과 같은 경우에는 선거가 임박하더라도 원고 수정을 해야 하는 경우였다. 그러나 선거일이 얼마 남지 않았을 때에는 원고 수정을 가급적 하지 않는 것이 좋다. 사유는 연습량에 문제가 발생할 수 있기 때문이다.

이것은 점수로 수치화해서 계산해보고 접근할 수 있다.
현재 가지고 있는 원고가 60점이고 발표 연습이 되어 있는 숙련도가 100점이라고 가정해 보자 그러면 총 160점이 된다.

그런데 기간이 임박한 상황이라면 새로 바꾸게 될 원고가 80점이 된다 하더라도 발표 숙련도가 50점도 채 되지 않아 130점도 나오지 않게 된다.

그러한 이유로 선거가 임박했을 때 누군가 나에게 원고를 보내오면 대부분은 잘 썼다고 답장한다. 원고가 좋으니까 자신감을 가지고 발표하라고 전한다.

그리고 실제로 원고 수정을 받지 못한 학생 중에서 당선되었다고 다시 인사 오는 경우도 많았다. 그 친구들 입장에서는 불안한 마음에 검토 받고 싶었던 것이다. 만약 그 상황에서 내가 원고를 많이 손대어 버린다면 그 친구들은 낙선했을지도 모른다. 왜냐하면 바뀐 원고를 암기할 시간이 없어서 원고를 그대로 읽게 되거나 자신감 없이 발표하게 될 우려가 있기 때문이다. 또한 긴장했을 때에는 이전에 외웠던 원고와 서로 충돌을 일으켜 버릴 수도 있다. 그때 내가 할 수 있는 일은 용기를 주는 것뿐이었다.

기간이 임박해도 원고를 꼭 바꾸어야 하는 경우는 다음과 같다.

- 이 원고로는 아예 승산이 없다고 판단되는 경우.
- 다시 보니 자신이 생각해도 말이 안 되는 내용을 적어놓았다고 생각하는 경우.
- 상대를 무시하거나 헐뜯는 표현을 적어 놓은 경우.

이런 경우를 제외하고는 기간이 임박했을 때는 원고를 바꾸는 것은 유의해야 한다. 사유는 선거는 원고만이 아니라 발표력도 상당한 영향을 미치기 때문이다.

선거 출마!
미리 이야기하는 게 좋을까?

선거에 출마하는 학생이라면 본인의 출마를 언제 주변인에게 알릴지 고민될 수 있다. 어떤 친구는 미리부터 주변인에게 선거에 출마하겠다고 이야기하는 경우가 있다. 반면 끝까지 숨기고 있다가 갑자기 출마하는 학생도 있다.

이에 대한 특징을 이야기 해보고자 한다.

먼저 출마 사실을 미리 공개하게 될 경우 장점은 마음속에서 출마할까 말까? 하고 염두에 두었던 경쟁자를 일부 차단할 수 있다. 우리가 반에 마음에 드는 이성이 있다고 가정해보자. "누군가가 나는 쟤 좋아!"라고 미리 선포하게 되면 그 학생을 함께 좋아했던 소심한 학생이 포기하게 되는 경우가 생긴다.

반면 이를 약점으로 이용하는 대상이 나타날 수도 있다. "야! 너는 선거 출마하겠다는 애가 이런 것도 안 하니?", "선거 출마하려고 하는 애가 이래서 되겠니?"등 자신의 행보에 지나친 간섭을 받게 될 수 있다.

 그래서 정치인들 중에서는 끝까지 숨기다가 출마하는 이유가 여기에 있다. 자신의 출마 사실을 미리 공개해버리면 여기저기서 표적이 될 수 있다. 그래서 선거도 하기 전에 지쳐버리는 상황이 발생한다.

 유의해야 할 점은 가까운 친구에게 회장 선거에 출마하고 싶다고 하거나 선거에 출마할 것이라는 의견을 개진하는 정도까지는 괜찮지만 사전선거 운동을 해서는 안 된다. 선거 기간 전부터 찾아다니면서 자신을 뽑아달라고 하며 다니거나 선거 전부터 홍보물을 만들어서 뿌리고 다니는 행위 등은 사전 선거 운동에 해당된다. 학생들의 선거에서는 잘 없지만 성인들의 선거에서는 당선이 취소되는 상황까지 발생한다. 누군가 문제를 삼으면 문제가 될 수 있는 여지를 남기게 되므로 유의해야 한다. 이에 대해서 알아보려면 각 학교의 선거관리 규정을 잘 파악해야 한다. 이 규정은 학교마다 조금씩 다를 수 있다.

 그렇다면 적절히 조화를 이루면서 선거에 출마하는 방법은 없을까? 내가 제시하는 방안은 학교에서 자신의 생활을 열심히 하는 것이다. '내가 선거에 출마한다.'라는 사실을 직접적으로 이야기하지 않고도 친구들과 좋은 관계를 형성해 나가는 것이다. 그렇게 한다면 굳이 선거 출마 사실을 알리지 않고도 주변인들은 나를 '리더'라고 느낀다.

만약 누군가가 "너 반장 선거 나가보지 않을래?"라고 이야기한다면 거절하지 말고 "이야~ 그렇게 이야기를 해줘서 고마워."라고 긍정의 표현을 해야 한다. 부정의 표현을 하거나 본심은 아닌데 기분 나빠한다면 진짜 의사가 없는 것으로 판단한다.

득표율
높이는 비법!

내가 고등학교 2학년 때였다. 당시 나는 반장을 맡고 있었다. 학생회 선거가 한창이었고 전교 회장 후보로 출마한 한 선배가 나에게 찾아왔다. 그리고 자신에게 꼭 투표해달라고 이야기하고 떠나갔다. 후보자가 두 명이었는데 한 명은 나에게 찾아왔고 다른 한명은 나를 찾아오지 않았다. 나는 자연스럽게 나에게 찾아와 준 선배의 지지자가 되어 있었다.

그 선배의 공약도 연설도 특별히 기억에 나지 않는다. 다만 그 선배가 나를 찾아왔다는 것. 그리고 나에게 자신을 찍어달라고 직접적으로 요청한 것만이 기억에 남았다.

선거 당일 나는 그 선배를 찍었다. 개표할 때에는 마치 축구 경기를 응원하듯 그 선배가 당선되길 희망했다.

아무것도 없었다. 그 선배가 단지 나를 찾아왔다는 것 밖에는…

이렇듯 유권자들은 자신과 조금이라도 가깝다고 느낀 사람에게 표가 간다.

1년 뒤 내가 학생회장 선거에 출마했을 때에는 후보자가 4명이었다. 다른 후보자들은 친구들과 몰려다니며 선거운동을 했다. 나는 혼자 하는 선거를 택했다. 도와주겠다는 친구들도 나타났지만 사양했다. 두 가지 이유가 있었다. 하나는 내 친구들이 선거로 인해 학업에 방해받는 것을 원치 않았다. 또 다른 하나는 유권자에게 더 깊이 다가가기 위해서였다. 친구들과 몰려다니다 보면 다소 쑥스러워서 유권자 한 명 한 명에게 다가가 나의 마음을 전하기 어려울 수 있다. 그리고 많은 학생들이 함께 움직이기 때문에 기동성이 떨어진다.

나는 혼자 여기저기 빨리빨리 돌아다니며 유권자들을 만났다. 그리고 충분한 시간을 두고 꼭 열심히 하겠다고 마음을 전했다. 만났던 학생이 중복되지 않게 하기 위해서 표를 만들었다. 몇 학년 몇 반에 만난 친구와 안 만난 친구를 하나하나 체크해 나갔다. 그렇게 바쁘게 돌아다니니 기간 내에 유권자들을 모두 만날 수 있었다. 아마 다른 후보들은 그렇게 하기 어려웠을 것이다.

이렇게 혼자만 조용히 다니는 모습을 보고 주위에 친구들이나 선생님들께서는 내가 당선될 것이라 전혀 예측하지 못했다. 떨어져도 섭섭해하지 말고 열심히 학교생활을 하라는 위로만 들었다.

그런데 선거 당일 내가 당선된 것이다. 당선 비결 중 아주 주요 원인 하나를 꼽으라면 바로 이 유권자에게 더욱 깊숙이 다가간 것이다. 최다 득표자는 전교 회장이었고 차순위 득표자는 전교 부회장에 자동 당선이었다. 당시 전교 부회장에 당선되었던 친구가 나에게 전했다. "이렇게 많은 격차로 네가 당선될지는 몰랐어!"

 물론 사회에서도 크고 작은 선거에 많이 도전했고 낙선한 적도 많다. 선거라는 것은 항상 자신이 계획한 대로만 되는 것은 아니다.

 하지만 불변의 진리는 있다. 선거는 유권자의 선택을 받는 사람이 당선된다는 것이다.

단일화의
변수

　　　　　　　성인들의 선거에서는 단일화를 매우 신경 쓴다. 표가 분산되어 버린다면 당락에 큰 영향을 주기 때문이다. 마찬가지로 학교 선거에서도 정당은 없지만 지지 성향이 비슷한 경우가 있다. 그 무리 안에서 한 명이 출마한다면 표는 집중된다. 하지만 후보자가 여럿 나타난다면 표가 분산되어 버린다.

　가령 어떤 학교에는 남학생 후보가 한 명이 나오고 여학생 후보가 세 명이 나왔다. 이럴 경우 여학생과 남학생이 1:1로 대결했을 때 여학생이 당선되는 경우에도 1:3으로 대결 시에는 표가 분산되어 여학생이 낙선할 수 있는 결과가 나온다.

　내가 고등학교 2학년 때 반장 선거에서도 이와 비슷한 일이 있었다. 소위

일진으로 불리는 학생이 3명 출마하고 내가 그 반대 깃발을 들고 출마하니 일진들의 표가 분산되어 버린 것이다.

 만약 꼼수를 쓴다면 상대 진영에서 후보자를 많이 출마하게 유도해 힘을 잃게 만들 수 있다. 하지만 이는 정정당당한 승부라고는 볼 수 없다.

 성인이 되어서는 단일화를 해서라도 정치적 이념을 지키기 위해 이겨야만 하는 상황에 놓일 수 있다. 하지만 학교 선거에서는 설령 조금 불리한 선거를 치르게 되더라도 편법을 사용하지는 말자.

 그렇다면 이는 어떻게 극복할 수 있을까? 다소 어렵더라도 적진으로 들어가야 한다. 선거는 나를 찍지 않을 사람까지 나를 찍게 만들어야 승산이 있다. 남학생이더라도 여학생들에게 매너 있는 행동을 해서 마음을 살 수 있다. 여학생이라도 리더라면 남학생들과 친근하게 지낼 필요도 있다. 그래서 상대를 찍을 표를 나에게 가지고 와 버린다면 형세는 불리할지라도 상황을 엎을 수 있는 길이 열린다.

 어렵고 힘들더라도 당당한 길을 걷자. 그렇게 얻은 승리는 더욱 값지다.

불필요한 적을
만들지 마라

많이 노력하더라도 선거를 진행하다 보면 적이 생길 수 있다. 대통령을 보더라도 어느 누가 되든 안티 세력이 나타난다. 민주국가에서 자연스러운 현상 중 하나이다. 그런데 굳이 만들지 않아도 될 적을 만들어서는 안 된다.

 사실 나도 불필요한 적을 만들어 선거에서 영향을 받은 적이 있다. 대학 다닐 때 기숙사 선거에 출마한 적이 있었다. 공고문을 보고 관리실에 가서 지원했다. 그런데 그날 저녁 층장이 오더니 나에게 "네가 뭔데 내 허락도 없이 선거에 나가!"라고 소리친 것이다. 나는 층장의 행동이 다소 불쾌했다. 선거에 출마하는데 기숙사 층장의 허락을 받을 이유가 없다고 판단했기 때문이다. 바로 치고 들어갔다. "선거에 출마하는 것은 기본권인데 당신이 뭔데 출마하라 마라입니까?! 내가 허락 맡을 이유가 뭐가 있습니까?"층장은 나의 말을 더 이상 못 받아치고 몹시 화가 난 채로 떠나버렸다.

층장은 나보다 나이가 많았고 위치적으로도 조교였다. 더욱이 뭔가 모르게 형성되어있는 기숙사의 위계질서 체계를 내가 건드렸다.

선거 결과는 나의 낙선이었다. 기숙사에서 큰 축을 이루는 3동 중 1동에서는 나에게 한 표도 안 나왔다는 것이다. 어떻게 알게 되었냐면 기숙사 관리자 중 한 분이 나에게 전해주셨다. 물론 층장과 관계 불화가 전혀 없었다고 하더라도 같은 결과가 나왔을 수 있다.

그러나 과거로 돌아간다면 다른 선택을 하게 될 것 같다.

층장 : "왜 나에게 허락도 받지 않고 너 마음대로 선거에 나가?!"

나 : 아! 죄송합니다! 제가 이런 것을 층장님께 미리 보고하고 나가야 되는지 몰랐습니다. 그런데 저는 꼭 출마를 하고 싶은데 어떻게 해야 하죠?

이렇게 상대방의 감정을 긁어내리지 않고 나아갈 것이다. 음료수도 사주면서 많이 맞춰줄 것 같다. 상대가 옳아서가 아니라 선거에서 불필요한 적을 만들어 힘을 소모시킬 필요는 없기 때문이다.

꼭 싸워야만 할 대상이라면 선거에서 낙선하더라도 부딪쳐야겠지만 굳이 싸울 필요가 없는 상대라면 큰 뜻을 위해 자신을 숨길 필요도 있다. 오히려 당선이 되고 난 뒤에 권한을 가지고 개혁해 내는 게 더 현명한 방법일 수 있다.

어느 것을 선택하든 본인의 판단에 달렸다.

나의 실패가 어느 누군가에게는 거울이 될 수 있었으면 좋겠다.

때론 낙선도 전략이 된다

1832년 주 의회 선거 낙선, 1838년 주 의회 대변인 선거 낙선, 1840년 정부통령 선거위원 낙선, 1843년 하원의원 선거 낙선, 1848년 하원의원 재선거 낙선, 1854년 상원의원 선거 낙선, 1856년 부통령 후보 지명선거 낙선, 1858년 상원의원 선거 재출마 낙선

1860년 미합중국 대통령 당선된 에이브러햄 링컨의 이야기다.

우리나라에서는 노무현 대통령이 14,15,16대 총선과 1995년 부산시장 선거에서 낙선했다. 그런데 이는 단순한 낙선이 아니었다. 왜냐하면 당선이 거의 확실시되던 종로 대신 지역주의에 맞서겠다며 부산에서 출마해서 낙선한 것이다. 그 이후 한국 최초의 정치인 팬클럽 '노사모'가 탄생했다.

만약 당시 노무현 대통령이 그런 선택을 하지 않았다면 결과는 어떻게 되었을지 모른다.

낙선이 전략이 되려면 의미가 있어야 한다. 그냥 무작정한 낙선이 아니라 대의명분을 앞세워야 한다. 여론은 수시로 바뀔 수 있지만 언젠가는 대의명분을 가진 쪽으로 기울기 때문이다.

그렇다면 학교 선거에서는 어떻게 명분을 찾을 수 있을까? 손해를 보더라도 당당하게 목소리를 내는 것, 낙선하더라도 유권자들에게 정직하게 다가가는 데에 있다.

일진들이 한 학생을 괴롭힐 때 후보자가 두들겨 맞을 각오로 막아주었다면 어떠할까? 피해 학생들 사이에서는 반드시 당선되어야 할 영웅이 된다. 그런 후보자야말로 학교폭력 없는 학교를 만들겠다고 외쳤을 때 학생들의 마음을 감동시킬 수 있다.

어떤 학생은 부모님께서 지킬 수 있는 공약만 걸라고 강조했다. 그런데 그렇게 선거에 4번 출마했다가 모두 떨어져서 부반장이 되었다. 그래서 별명이 만년 부반장이 된 것이다. 이런 친구는 다음에 출마할 때 이 이야기를 스토리 삼아 연설할 수 있다.

"여러분! 저는 만년 부반장입니다! 저희 부모님께서는 지키지 못할 공약을 내세울 바이엔 차라리 낙선하라고 늘 가르치셨습니다. 그래서 함부로 공약을 걸 수 없었습니다. 하지만 이제야 알 것 같습니다. 반장에게 가장 중요한 것은 신뢰라는 것을요. 저는 이번에 다시 낙선해도 좋습니다. 하지만 이 이야기만큼은 꼭 전하고 싶습니다. 여러분들이 학급회의를 통해 건의하는 일들에 대해 이루어질 수 있도록 모든 역량을 다하겠다는 점입니다. 또한 항상 진실과 정직을 우선으로 생각하는 반장이 되겠다는 점입니다. 괜찮다면 이번에는 저에게 한 번 힘을 주십시오. 여러분들을 vip로 모시는 반장이 되겠습니다. 감사합니다."

 또한 선거에 출마했던 경험이 인지도가 되어서 다음 출마 때 유리하게 작용하기도 한다.

5학년 때 전교 부회장 선거에 출마해서 낙선한 친구가 있다. 이후 6학년 때 전교 회장 선거에 다시 출마했다. 이 친구는 5학년 때 선거를 통해 학생들에게 알려진 시간이 있다. 그래서 실질적으로 2배의 선거운동 기간을 가진 것이다. 물론 선거라는 게 이런 수치적인 상황에 비례해서 결과가 나타나는 것은 아니다. 하지만 그러한 출마 경험이 없는 것보다는 있는 게 나을 때가 많다.

 성인들의 선거에서 보면 여러 번 출마를 해서 사람들에게 자신을 알리고 당선된 사례도 적지 않게 볼 수 있다.

 낙선을 두려워하지 마라! 상처가 아닌 경험으로 삼으면 더 크게 성공하는 기회가 될 것이다.

친구들과
빨리 친해지는 법

상대방이 좋아하는 것과 관심을 가지고 있는 것에 대해 함께 좋아하고 관심을 갖는다면 보다 빨리 친해질 수 있다.

 어느 날 중학생들을 대상으로 강연 갔을 때의 일이다. 강연 도중 한 학생이 나에게 "어! 감스트 닮았다!!!"라고 소리쳤다. 순간 강연장이 술렁이기 시작했다. 학생들에게 "이제~ 강연을 해야 하니 모두 정숙해주세요~"라고 요청했지만 그래도 쉽게 분위기가 잡히지 않았다. 앞에 앉아 있는 학생 두 명은 "야! 내가 처음부터 닮았다 그랬잖아!"하고 서로 싸우고 있었다.

 그날 저녁 나는 집에 가서 바로 감스트를 검색해 봤다. 학생들이 좋아하는 인기 BJ였다. 순간 부끄러움이 밀려왔다. 청소년들을 대상으로 강연하는데 그들이 좋아하는 문화를 이렇게나 모르고 있었다니... 이후로 학생들이 좋아하는 게임이나 노래 등에 대해서 더 관심을 가지게 되었다. 그리고 강연을 가게 되면 학생들과 좋아하는 것들을 이야기하며 소통한다. 그러면 강사와 학생 간에 벽을 허물어서 더욱 가까워진 기분이 든다.

 마찬가지로 선거에 출마하는 학생들도 누군가와 빠르게 친해지는 것은 몹시 중요하다. 상대방이 수영을 좋아한다면 "어?! 나도 수영 좋아해"하고 수영에 대해서 이야기해 볼 수 있을 것이다. 상대방이 스마트폰 게임을 좋아한다면 그 게임에 대해서 관심을 가지고 함께 해 볼 수도 있다. 미술을 좋아하고 잘 하는 친구가 있다면 그 친구의 미술적 재능을 인정해주고 칭찬해줄 수도 있다. 이렇게 다가간다면 보다 상대방과 빨리 친해진다.

 그런데 반대로 상대방과의 관계가 급속도로 악화될 수 있는 비결도 있다. 그것은 바로 관심사나 능력을 무시하는 것이다. 대학시절 독서모임을 운영하는 친구가 있었다. 그런데 어느 날 한 학생이 그 친구에게 "그딴 재미없는 것을 왜 해!?"라고 이야기 했다. 그 이후 둘은 사이가 멀어졌다. 자신이 애정을 가지고 있는 분야에 대해 무시를 당하면 몹시 불쾌할 수 있다. 그래서 빨리 친구를 만드는 것도 좋지만 이렇게 적을 두지 않는 것도 중요하다.

 누군가와 빨리 친해지고 싶은가? 그 사람의 장점을 칭찬해주고 인정해줘라! 그리고 그 사람이 좋아하는 것들을 함께 좋아하고 관심 가져라!

친구들의 마음을
끌어당기는 법

누가 말하지 않아도 '리더'라고 인식되는 행위는 어디서 나올까? 리처드 도킨스에 의하면 인간은 누구나 이기적인 유전자를 갖고 있다고 한다. 이것은 꼭 나쁘다고만 볼 것이 아니다. 생존을 위해서 남겨진 본능이다. 그런데 이런 본능을 역류하는 행위를 할 때 훌륭하다고 평가하는 경우가 많다. 독립투사와 민주화 운동가의 경우 이기적이었다면 결코 할 수 없는 행위였다. 간혹 평생에 걸쳐 어렵게 모은 돈을 대학이나 재단에 기부하거나 어려운 사람을 위해 도움을 주고 세상을 떠나는 사람이 있다. 역시 세상은 이런 사람을 의인이라 평가한다.

 이런 이기적인 본능 아래 이타적인 행동을 하는 것은 인간만이 누리는 행위라고 보는 사람도 있지만 동물도 간혹 이런 행위를 한다. 오수의 개는 자신의 몸에 물을 묻혀서 불을 꺼서 주인을 살린 것으로 유명하다. 사람들은 그 개를 기억하고 실제로 전라북도 임실군 오수면에 가면 오수의 개 동상이 자리 잡고 있다.

 그렇다면 학교에서는 어떠할까? 조별 발표를 하는데 누가 시키지 않아도 가장 어렵고 힘든 일을 맡는 학생이 있다. 반면 자기에게 주어진 일도 안 해오거나 어떻게 해서든 힘든 일은 피해 가고자 하는 학생도 있다. 이중 어떤 사람을 리더로 인식할까? 바로 조를 위해서 자신을 희생하는 친구를 리더라고 느끼게 된다. 어느 누군가가 리더라고 정하지 않더라도 조원들은 그 친구를 자연스럽게 따르게 된다.

 유권자의 마음을 끌어당기는 방법은 이러한 이타성에 있다. 나의 이익과 상대방의 이익이 서로 충돌하는 경우가 발생할 때 상대방의 이익을 먼저 고려해보라. 잃게 되는 손실만큼 얻게 되는 이득도 발생한다. 때론 그것이 더 높은 곳으로 향하는 길이 될 때가 있다.

이성에게 다가갈 때 지켜야 할 매너

선거에 출마할 때 후보자가 유권자와 약간의 스킨십이 발생할 때가 있다. 지지자에게 고맙다고 가벼운 포옹을 하거나 하이파이브, 악수를 하는 등의 행위이다.

그런데 이성을 대할 때에는 철저하게 매너를 지켜야 한다.

선거에 출마한 한 남학생이 여학생들에게 다가가 먼저 악수를 청하고 하이파이브를 했다. 이에 긍정적으로 반응하는 학생도 있는 반면 몹시 기분 나빠하는 학생들도 생겨났다.

자신은 악수를 별로 하고 싶지 않았는데 얼떨결에 하게 되어서 불쾌했다는 것이다. 사람마다 이렇게 다르다 보니 후보자는 이성이 먼저 악수를 청하지 않을 때에는 90도로 허리 숙여 정중하게 인사를 하는 게 좋다. 유권자가 먼저 악수를 청한다면 감사하게 받아들이면 된다.

보통의 경우는 남학생 후보자가 여학생 유권자를 대할 때 더 강한 매너가 요구된다. 그런데 여학생 후보자의 경우에도 남학생에게 잘못 스킨십을 시도했다가 낭패를 본 사례도 있었다. 평소 인기가 많은 남학생A에게 여학생 후보자는 유세도중 어깨에 손을 올리고 섹시댄스를 췄다. 이를 본 다른 여학생의 눈에는 쌍불이 켜진 것이다. 강한 항의에 부딪쳤고 사과하기에 이르렀다.

어떻게 보면 충분히 수용할 수 있는 상황이기도 하지만 집단의 특성상 수용하지 못하는 상황도 생긴다. 이때 비교적 안전하게 가는 것은 적정 거리에서 예의를 지키는 것이다.

많이 도전하라

한 베스트셀러 작가의 이야기다. 본인이 베스트셀러를 출간하게 된 비결은 다작이라고 했다. 여러 작품을 내다보니 그중에 하나가 걸렸다는 것이다. 선거도 역시 마찬가지다. 여러 번 출마하다 보면 당선되는 날이 온다.

낚시에 비유하자면 낚싯대를 한 대 두는 것보다 여러 대 두고 있을 때 물고기를 낚을 확률이 높아진다. 늘 곁에 이성친구가 있는 학생을 보더라도 알 수 있다. 그런 친구는 한 이성에게만 고백 하는 게 아니라 거절당하면 또 다른 이성에게 고백한다. 이런 붙임성이 없는 경우 지속적으로 솔로가 되는 경향이 있다.

내 주위에는 인물도 괜찮고 성격도 좋은데 이성 친구를 한 번도 못 사귀어본 친구가 있다. 반면 뭔가 하자가 있는데도 늘 이성친구가 생겨있는 친구를 볼 수 있다.

 전자의 경우는 여자에게 먼저 다가가는 법이 없고 조용하다. 후자의 경우에는 늘 고백하고 다닌다.

 선거에서도 마찬가지로 한 번 두 번 낙선했다고 해서 기죽을 필요가 없다. 주변에서 수없는 도전 끝에 당선되는 사례를 참 많이 봐왔다. 많이 낙선했던 친구가 오히려 더 큰 선거에서 당선되는 경우도 적지 않았다.

 내가 전해줄 수 있는 마지막 전략은 바로! 많이 도전하라는 것이다.

다른 학부모가
학교에 지원을 많이 해요

생각보다 많은 학부모와 학생들이 걱정한다. 경쟁 후보의 학부모가 학교에 지원을 빵빵하게 하는데 본인은 그렇지 않다는 것이다. 이것은 전혀 걱정할 사유가 아니다. 학생들의 선거는 학생들이 뽑는 것이지 선생님이나 학부모가 뽑는 게 아니다. 그래서 그분들은 투표권조차 없다.

경험상 학부모가 학교에 지원을 많이 하더라도 자녀가 전교 회장 선거에서 낙선하는 경우를 무수히 봤다.

내 유튜브에도 한 유저가 아래와 같은 댓글을 남긴 적이 있다.

"이번에 전교 회장 선거에 나가는 후보인데요. ㅠㅡㅠ 다른 후보들의 부모님이 학교에 지원을 많이 하시는 편인데 잘 할 수 있겠죠?? 발표하는 건 별로 안 떨리는데 경쟁자들이 ㅠㅠ"

이에 대해 "전교 회장 선거는 학생들의 대표를 뽑는 선거입니다. 학부모들의 자리가 아닙니다. 기죽지 말고 당당하게 맞서세요."라고 답변했다.

그리고 며칠 뒤 다시 달린 답변이다.

"당선 되었어요 ㅠㅠ 5,6 학년만 했는데 1등, 110표로 2등과 50표 이상 차이!!!! 전교 회장에!! 개그도 치니깐 기억에 어필 되는 것 같더라고요! 감사합니다. 이 영상을 보니 되더라고요 ㅠㅠ 정말 감사합니다."

이 학생의 사례가 비슷한 고민을 가진 친구들에게 힘이 될 수 있었으면 좋겠다.

학부모!
어떻게 도와주는 게 좋을까요?

자녀가 선거에 출마한다고 하면 부모님 역시 한마음이다. 이 질문에 대해서는 '내가 만약 부모라면 어떻게 할 것인가?'에 대해 이야기하는 것으로 대체하겠다.

먼저 학부모 운영위원회 같은 것들을 맡을 수 있다면 맡을 것이다. 학교에서 하는 행사나 일이 있다면 적극적으로 참여할 것이다. 그렇다면 아이에게도 자신감이 될 수 있다.

나의 어머니께서는 초중고 모두 학교에서 학부모 운영위원을 하셨다. 만약 내가 고3 때 학생회장 선거 출마를 담임선생님께 끝내 거절당했다면 아마도 어머니께서는 학교에 강력하게 항의하셨을지도 모른다.

학부모가 나선다는 것은 학교에도 상당한 긴장감을 준다. 이런 참여는 당선에 영향을 준다고는 볼 수 없겠지만 아이가 부당한 대우를 당할 때 히든카드가 될 수는 있다.

(자칫 의사가 잘못 전달되면 나의 고3 때 담임선생님께서 선거 출마를 막는 악인으로 비추어질 수도 있다. 그러나 내가 출마하고 당선되었을 때 누구보다 지지해주고 응원해주신 분이셨다. 내가 군대에 있을 때에는 정성스럽게 편지까지 써 주셨다.)

그런데 학교에 지나친 간섭은 금물이다. 학부모가 월권행위를 하거나 선생님들께 심리적 부담감을 줘서 스트레스를 받게 하면 학생들도 알게 되는 경우가 많다. 그래서 오히려 자녀는 당선될 만한 인물인데 낙선하게 되는 경향이 생긴다.

그렇기에 적정한 선에서 학교가 필요로 하는 일에 참가하고 도움을 주면 된다. 금전적인 지원을 하라는 뜻은 아니다. 학부모 행사에 참가하거나 공개 강연, 봉사 활동 등의 기회가 있을 때 참가하면 좋다. 꼭 아이가 선거에 나가서가 아니라 아이의 정서 발달에도 긍정적인 영향을 미친다.

다음으로는 실질적으로 원고와 연설에 관련된 부분이다. 부모가 도와줄 경우 강요하고 지시하는 게 아니라 아이의 의사를 물어보고 자신의 견해를 답하는 방법으로 가는 게 좋다. 설령 낙선하게 되더라도 자녀의 의사를 먼저 존중해야 한다. 주체적으로 판단하고 결정할 때 재미를 느끼기 때문이다. 만약 부모의 강력한 지도가 필요하다고 판단된다면 너무 강하게만 밀고 나가는 건 좋지 않다. 자녀가 원하는 것도 들어주면서 마음을 풀어주며 가는 것이 좋다. 지나친 강요를 받게 되면 아이의 정서발달에 좋지 않다. 심하면 나중에 우울감이 올 수 있다.

 자전거를 처음 탈 때 뒤에서 잡아주듯이 언젠가는 혼자서 갈 수 있도록 조력자 역할을 하면 된다.

당선되면
돈 많이 내어야 하나요?

예전에는 반장 선거에 당선된 학생이 여름에 아이스크림을 돌리거나 전교 회장에 당선된 학생이 교무실에 떡을 돌리거나 하는 경우는 종종 있어왔다. 시대가 바뀌면서 이런 풍습도 점점 사라져갔다.

그런데 선거에 당선되면 학교에 기부를 해야 하거나 돈을 내야 한다는 부담감을 갖는 경우가 있다. 그런 낭설에는 속을 필요가 없다. 후보자가 당선되면 학교에 돈 내어야 할 아무런 이유가 없다.

물론 적법한 범위 안에서 자발적인 기부를 하는 것이야 문제 되지 않는다. 하지만 그것을 걱정해 선거 출마를 두려워할 아무런 이유가 없다. 오히려 부당한 돈을 지불했을 때에는 크게 문제가 된다. 학교에서도 청렴을 몹시 중요시하고 있고 이런 부분에 민감하게 생각한다.

설령 잘못된 관행이 있다고 하더라도 리더는 과감하게 바꿀 필요가 있다.

돈 때문에 선거 출마를 걱정하지 마라. 돈을 낼 이유도 없을뿐더러 함부로 내서도 안 된다.

공부 못하는데
선거에 나가도 될까요?

성적은 선거 출마에 있어서 절대적인 기준이 아니다. 후보자가 학업에 충실해서 공부를 잘하면 좋다. 그러나 성적이 낮다고 해서 출마를 못하게 하지는 않는다. 만약 그런 학교가 있다면 부당 차별행위에 해당될 수 있다.

그렇다면 다음 문제는 여론이다. 질문자는 출마 가능성 여부 보다 편견이 두려울 것이다. 전혀 걱정할 필요 없다. 본인이 공부는 못하지만 다른 장점을 어필하면 된다.

"여러분! 저는 부끄럽지만 공부를 잘 못합니다. 하지만 저도 좋아하는 것이 있습니다. 바로 자동차입니다. 어느 회사에서 어느 신차가 나왔는지 그리고 새로 추가된 기능은 무엇인지 늘 관심을 갖고 있습니다. 그리고 틈만

나면 자동차의 내부 구조에 대해서 살피고 있습니다. 세계 최고의 엔지니어가 되는 것이 저의 꿈이기 때문입니다. 우리 학교에는 저와 같이 성적이 좋진 않아도 각자가 가진 장점이 있고 개성이 있는 친구들이 많습니다. 이런 친구들이 모두 존중받고 자신만의 꿈을 실현 시켜 나갈 수 있는 학교를 만들겠습니다.

먼저 각자 재능을 공유할 수 있는 관계의 장을 만들겠습니다. 요리를 좋아하는 친구는 요리를! 도자기에 관심이 있는 친구들은 도자기를! 각자가 관심을 갖고 있는 분야에 대해 재능을 공유하고 그로 인해 새로운 친구관계를 맺을 수 있게 하겠습니다.

둘째 학생들이 원하는 분야의 진로 강사를 섭외할 수 있도록 하겠습니다. 학교 건의함에 어떤 분이 오셨으면 좋겠는지 넣어주시면 가장 많은 요청을 받는 강사님부터 섭외 연락을 하겠습니다. 그래서 우리가 가진 꿈과 미래에 대한 방향을 제시받겠습니다.

셋째 '아니요!'라고 당당히 외칠 수 있는 회장이 되겠습니다. 자동차에는 브레이크가 있습니다. 이 브레이크가 있기 때문에 안전합니다. 우리 사회에 만연되어 있는 4대 폭력에 대해서 강력 브레이크의 역할을 하겠습니다.

여러분! 저에게 투표로 제트엔진을 달아주십시오. 슈퍼카 부럽지 않은 속도로 여러분들만을 위해 달리겠습니다. 감사합니다."

만약 성적으로 리더를 뽑는다면 대통령이나 국회의원은 모두 수능 고득점자 출신이 하는 게 맞다. 하지만 그런 사람들이 정치를 한다고 해서 꼭 세상이 잘 돌아가리라는 보장이 없다. 정치는 다양한 사람이 필요하다. 장애를 가진 사람, 다문화 출신, 노동자 출신 등이 리더가 되었을 때 그들만의 장점이 있다.

 학교 선거 역시 시험 성적이 높은 학생뿐만 아니라 성적이 낮은 학생, 다른 분야에 관심이 있는 학생 등이 출마할 때 더 건강해진다.

 가장 중요한 본질은 구성원들을 위해 봉사하고자 하는 마음이다.

인기가 없는데
선거에 나가도 될까요?

　　　　　　　　　　인기가 있는 학생이 선거에 출마했을 때 유리한 점이 있음은 분명하다. 하지만 선거의 과정을 거치면서 상황이 바뀌는 경우도 생긴다. 선거 과정에서 성실하게 임하고 토론과 연설에서 우위를 점한다면 없던 인기가 생겨버리는 상황도 발생한다.

　나도 학창시절에는 왕따였다가 반장 선거에 출마했고, 전교 회장 선거에 출마해서 당선되었다. 인기가 없는 것을 넘어서서 아주 고립된 생활을 하던 학생이었다. 하지만 당선될 수 있었던 것은 학교폭력 없는 학교에 대한 갈망이 유권자에게 더 소중했던 것이다.

　실제로 평소에는 평범하게 지내던 학생들이 전교 회장 선거에 출마했다가 인기가 생겨 고백을 받는 경우도 더러 있었다. 그런 현상이 일어나는 것은 선거 출마가 인간관계의 증폭을 의미하기 때문이다. 수백 명에서 수천 명의 학생에게 자신을 드러내게 된다. 그런 와중에 자신을 좋아하는 친구들이 나타날 수 있다. 반면 자연스럽게 자신을 싫어하는 친구도 나타날 수 있다. 그것은 리더의 숙명이다.

 만약 당신이 학교에 다니면서 정말 원하던 일이 있다고 가정해보자. 후보자가 나왔을 때 그것을 들어준다고 이야기하는 인기 없는 A후보자가 있다. 그리고 거기에 대해서 거론하지는 않지만 아주 인기가 많은 B후보자가 있다. 누구를 선택할 것인가? 유권자들은 대체적으로 현명하다.

 이 질문에 대한 답변을 요약하면 "선거에 출마하면 인기가 생길 수도 있다! 그리고 출발선이 비록 다를 수도 있겠지만 상황을 뒤엎을 수 있는 기회가 충분히 주어진다!"라는 점이다.

부반장인데
인기가 떨어졌어요

한 친구가 고민에 빠졌다. 이유는 부반장 역할을 수행하면서 학생들에게 경고를 많이 주었다는 것이다. 질서를 안 지키는 친구, 수업 시간에 떠드는 친구에게 지속적으로 경고했다. 그러다 보니 인지도가 확 떨어지게 되었고 친구들의 미움을 사게 되었다. 그런데 이 학생은 다음 해에 전교 임원선거에 출마하고자 하는 포부를 갖고 있다. 그래서 더욱 고민이 깊어졌다. 어떻게 하면 이 상황을 돌파할 수 있을까?

누구에게나 경고를 받는 일은 몹시 불쾌한 일이다. 잘못이 명백하다 할지라도 경고를 받기 싫어한다. 어른들도 자동차 과속 딱지나 불법 주정차 딱지가 날아오면 '앗! 내가 잘못 했네'하고 반성하는 사람들도 있지만 욕부터 하는 사람도 많다. 이러한 기본적인 사람의 심리를 이해하고 가야 한다. 하지만 사람들은 그렇게 불평하더라도 질서가 필요하다고 생각한다.

당장 자신에게 손해가 오기 때문에 불쾌한 것은 사실이지만 누구나 과속이나 불법 주정차를 해도 된다고 생각하지는 않는다. 만약 국가가 이런 것을 제대로 단속하지 않는다면 어떠할까? 아마도 사람들은 비교도 안 될 만큼 더 크게 불신할 것이다.

 부반장으로서 전체의 질서를 지키기 위해 노력하고 학생들이 수업 시간에 떠들지 않게 하기 위해 노력한 점은 잘한 일이다. 비록 욕을 먹더라도 다음 선거에서 지장이 따르더라도 꼭 해야 할 부분은 해야 한다. 이를 만회할 수 있는 방법이 있다. 바로 다른 것을 잘하는 것이다. 평소 필기구나 준비물을 넉넉하게 가지고 가서 빌려주거나 모르는 문제가 있으면 적극적으로 나서서 도와주면 된다. 이렇게 다른 부분에 대해 긍정적인 영향을 미치게 되면 이미지는 반등한다. 또한 학생들에게 명령어를 쓰거나 권위적으로 다가가면 민심을 잃어버릴 수 있다. 같은 표현이라도 명령을 할 수도 있고 권유를 할 수도 있는 상황이라면 권유해야 한다.

"야! 줄 똑바로 서!"-> "미안하지만 줄을 서줄 수 있겠니?"
"조용히 해!" -> "나는 수업을 듣고 싶은데 정숙해 줄 수 있겠니?"

 상대방이 응해준다면 고맙다는 표현을 써주면 된다. 응하지 않는다면 너무 직접적으로 제압하고자 하는 것보다는 선생님께 조용히 말씀드리는 것이 좋다. 그래서 전체적인 질서 교육을 받으면 된다.
 인기는 항상 바뀔 수 있다. 리더로서 책임과 역할을 다한다면 언젠가는 알아줄 것이다.

부끄러워서
얼굴이 빨개져요

사람마다 긴장될 때 반응이 조금씩 다르다. 어떤 사람은 땀을 뻘뻘 흘리고, 어떤 사람은 얼굴이 빨개진다. 어떤 사람은 갑자기 화장실에 가고 싶어진다. 이럴 때에는 있는 그대로 원고에 담아서 이야기를 풀어나갈 수 있다.

"여러분! 제가 좀 많이 부끄러워서 얼굴이 빨개졌습니다. 첫사랑을 만날 때의 감정처럼 떨리고 긴장됩니다. 아직 남 앞에 선다는 게 낯설고 익숙하지 않습니다. 하지만 여러분들의 마음에 드는 반장이 될 수 있도록 하겠습니다!"

"여러분! 제가 갑자기 땀이 뻘뻘 납니다. 이게 긴장이 되어서 그렇습니다. 하지만! 제가 당선된다면 긴장 되어서가 아닌 열심히 일해서 땀이 뻘뻘 나도록 하겠습니다. 여러분들을 위하는 일이라면 달리겠습니다."

"여러분! 저는 긴장을 하면 화장실에 가고 싶습니다. 그런데 지금 딱 그 순간입니다. 긴장감은 누군가에게 잘 보이고 싶을 때 일어납니다. 저는 여러분들의 마음에 쏙 드는 반장이 되고 싶습니다. 그래서 여러분들만을 위해 잘 보일 수 있는 반장 OOO이 되겠습니다."

 솔직하게 정면 돌파해버리거나 이러한 멘트를 미리 확보하고 있다면 훨씬 자신감이 생길 것이다. 만약 멘트를 준비했다가 얼굴이 안 빨개지거나 땀이 안 나고, 화장실에 별로 가고 싶지 않다면 상황에 따라 유동적으로 대처하면 된다.

 나도 마찬가지로 많이 떨렸다. 본인뿐만 아니라 대부분의 사람이 비슷한 증상이 있다. 하지만 많은 도전을 하게 되면 하게 될수록 면역력이 생겨날 것이다.

 생애 처음으로 이성친구와 데이트를 한다고 생각해 보라. 얼마나 떨리고 긴장되겠는가? 하지만 다음에 또 데이트를 하고, 다른 누군가와 새로운 인연이 되고 이런 관계를 반복하게 될 때 그 처음에 느꼈던 긴장감은 점차 사라지게 된다.

 한편으로는 그 떨림과 긴장됨 역시 행복이다. 느낄 수 있을 때 누려라.

멘탈
강해지는 법

선거에 출마하고자 하는 한 학생의 고민이다. 이 친구는 누가 자기를 욕했을 때 그게 마음속으로 오랫동안 남아서 걱정이라고 했다. 그래서 "어떻게 하면 멘탈이 강해질 수 있나요?"라는 질문을 주었다.

누구나 욕을 먹으면 기분이 불쾌하다. 선거에 출마하는 학생이라면 특히나 욕을 더 먹을 가능성이 높다. 왜냐하면 사람이 다 같지 않기 때문이다. 어느 리더도 100% 욕 안 먹는 사람은 없다. 그렇다면 이런 심리 상태에 대응하는 세 가지 방법에 대해 알아보자.

첫 번째 상대가 나를 욕을 해서는 안 된다는 생각을 버려야 한다. '누구나 나를 욕할 수 있다.'라고 생각해야 한다. 남이 나를 욕하면 안 된다는 생각이 강하면 강할수록 욕을 먹었을 때 불쾌감이 커진다. '하루에 욕 3번 정도는 먹어줘야 되는 것 아냐?'라는 식으로 덤덤하게 받아들여 버리면 불편한 마음을 덜 수 있다.

 두 번째 상대방의 말이 맞느냐 틀리냐를 판단해 봐야 한다. 만약 상대방의 비난이 정당한 것이었다면 받아들이고 행동수정을 하면 된다. 그것은 고마운 일이다. 상대의 문제점을 이야기해주는 것은 쉬운 일이 아니기 때문이다.
 나는 평소 식당에 가면 문제점을 발견할 때가 있다. 컵을 제대로 씻지 않는 경우, 음식 맛이 지나치게 달거나 짠 경우, 고기의 비린내를 제대로 못 잡은 경우 등 문제점이 보인다. 이런 식당들은 얼마 가지 않아 손님이 끊기고 문을 닫는다. 평소에는 조용히 발길을 끊지만 꼭 애정이 가는 식당에는 이야기한다. 마찬가지로 자신의 문제점을 지나치지 않고 이야기해줬다는 것은 오히려 고마운 일이다. 그래서 기분 나빠 할 필요가 없다.
 그렇다면 이제는 상대방의 말이 틀린 경우이다. 그럴 때 역시 기분 나빠 할 필요가 없다. 왜냐하면 상대방의 말이 틀렸기 때문이다. 틀린 말에 기분 나빠할 필요가 있겠는가?

 문제는 상대방의 지적이 맞는데 내가 고칠 수 없는 영역이다. 가령 나의 경우에는 어렸을 때 키가 작다고 놀림을 당하거나 지금은 머리숱이 없다고 놀림을 당할 때가 있다. 이럴 때에는 마음 상해하지 말고 유머러스하게 받아칠 수 있다. "야! 하늘에서부터 재면 내가 더 커!", "야! 내 머리숱이 별로 없는 덕분에 내가 어딜 가든 항상 그곳은 빛나!"

학교폭력을 소재로 한 영화 '원더'에는 남들과 다른 외모로 태어난 주인공 '어기'가 나온다. 이 어기는 성형수술을 제안하는 친구의 말에 "이거 성형수술 한 거야, 이렇게 잘생기게 태어나는 게 쉬운 줄 알아?"하고 유머로 받아친다.

리더는 워낙 구설수에 많이 오르고 욕먹을 일도 많기 때문에 이렇게 유머러스하게 받아치는 것도 중요하다.

그렇다면 마지막 세 번째! 법의 잣대로 판단하는 것이다. 상대가 도저히 상식선에서 납득하기 어려운 심한 모욕을 주는 경우가 있다. 또는 후보자에 대한 허위사실을 유포하는 경우도 있었다. 이런 경우에는 합법적인 책임을 묻는 것도 방법이다. 상대방이 욕설을 하면 내가 항상 당하고만 있어야 한다고 생각하면 마음이 괴로워질 수 있다. 법이라는 총이 있고 필요에 따라서 꺼내어 활용할 수 있다는 전제가 더욱 강하게 만든다.

선거에 출마한 이상 어느 정도의 욕을 먹는 것은 감수해야 한다. 그렇지 않고서는 당선된다고 하더라도 감당해 내기 어려울 수 있다. 남이 욕하는 것에 대한 멋진 대응 방법에 대해 하나 더 이야기하겠다. 법륜스님의 즉문즉설에 나왔던 내용 중 일부이다.

어떤 사람이 부처님에게 욕설을 했다고 한다. 그런데 부처님이 별 반응이 없었다. 욕을 한 사람이 "왜 기분 나쁘지 않아 하느냐?"라고 묻자 부처님은 답했다.

부처님 : "살아가다 보면 선물 받을 때가 있지요?"

욕한 사람 : "네, 그럴 때 있죠."

부처님 : "그럼 당신이 선물을 안 받으면 그 선물은 누구의 것이 됩니까?"

욕한 사람 : "그거야 받지 않았으니 그대로 선물을 한 사람 것이 되죠."

부처님 : "그렇습니다. 당신은 나에게 욕을 주었지만 내가 그것을 받지 않았습니다."

 이 일화를 통해 상대방이 나를 욕하더라도 그것을 마음으로 받아들이지 않는다면 그 욕은 나의 것이 아니라는 것을 알 수 있다. 누가 당신을 욕하더라도 그 선물을 받지 마라.

몰표
받는 방법

선거에 출마한 학생이라면 누구나 압도적으로 당선되고 싶을 것이다. 그러나 선거의 특성상 내가 오롯이 예측하는 대로만 흘러가지 않는다. 한 후보가 똑같은 연설을 하더라도 A집단에서는 몰표가 나오고 B집단에서는 한 표도 안 나올 수 있다.

강연을 하는 강사 입장에서도 마찬가지다. 어떤 곳에서는 크게 호응을 받지만 어떤 곳에서는 청중이 아예 애초부터 듣지 않는 경우도 있다.

그렇기 때문에 몰표를 받는 방법에 대해 명확한 답변을 내리기가 어렵다.

하지만 몰표를 받았던 연설문은 많이 있다. 이것은 결과가 이미 난 것이기 때문이다. 이것을 분석해봤을 때에는 대체적으로 공통점이 있다.

좋은 연설문, 좋은 공약, 좋은 연설력, 참신한 소품, 선거 전략, 후보자의 붙임성과 평소 됨됨이가 대표적이다.

이런 내용들을 이때까지 이 책에 모두 담았다. 내가 전할 수 있는 모든 역량을 다해서 한 줄 한 줄 적어나갔다.

물론 이 모든 것들을 다 갖추었다고 해서 100% 당선되거나 몰표를 받을 수 있는 것은 아니다. 선거는 절대적인 것이 아니라 상대적이며 늘 가변수가 따르기 때문이다.

그런 와중 철저히 준비해 나간다면 언젠가 기회가 왔을 때 막강해져 있을 것이다.

부반장 선거, 전교 부회장 선거는 어떻게 원고를 써요?

부회장 선거에 출마하는 학생들이 많이 하는 고민이다. 회장 후보를 돕겠다는 말 이외에는 딱히 뭔가 더 할 수 있는 이야기가 없다는 것이다. 그렇지 않다. 부회장 후보 역시 선거를 통해 선출되는 리더이다. 그래서 자신의 공약을 당당하게 발표하고 이루어 내면 된다.

꼭 부회장이 회장을 돕는 역할을 하는 것은 아니다. 때로는 견제할 수도 있어야 한다. 정당에서도 여당과 야당이 있듯이 다른 견해를 제시할 수도 있다.

연설 원고 작성 방법에 대해서는 이미 이 책을 통해서 다 이야기했다. 회장, 반장이라는 용어를 자신에게 맞게 부반장, 전교 부회장으로 수정해서 작성하면 된다. 나머지는 똑같다.

학교를
잘 이끌고 가는 방법

　　　　　　　　　　　　　　선거에 당선된 학생들이 가장 많이 하는 질문이다. 좋은 리더로 기억되려면 어떻게 해야 하나요? 또는 학교를 어떻게 하면 잘 이끌고 가죠?

리더가 되면 몇 가지 지켜야 할 사항이 있다.

첫 번째는 공정함이다. 나와 가깝다고 봐주거나 편의를 제공해주고 나와 친하지 않다고 의견을 무시하거나 멀리하면 화합을 이룰 수 없다. 리더가 된다는 것은 모든 구성원을 책임지는 일이다. 그렇기에 항상 공정하게 대할 수 있어야 한다.

두 번째는 성실해야 한다. 만약 학생들의 대표가 지각을 하거나 수업 시간에 잠을 자고, 태도가 불량하면 다른 학생들이 리더로서 더 이상 인정하지 않게 된다. 그런 리더는 선생님들 사이에서도 존중받지 못한다. 그렇기에 자신을 뽑아준 친구들을 위해서라도 성실하고 바른 생활을 해야 한다.

 세 번째는 자신의 견해와 구성원의 견해가 충돌할 때 구성원들을 잘 이해시킬 수 있어야 한다.

 나는 교생실습 때 대표를 맡았다. 그런데 다른 교생들과 마지막에 충돌이 일어났다. 사유는 내가 합창제 때 "마지막 무대에 우리도 연습해서 올라서는 게 어떻겠느냐?"라고 권유한데서 일어났다. 그런데 이를 잘못 받아들인 교생이 음악선생님과 내가 짜고 이 일을 강제로 시키려고 든다는 것이다.

 나의 관점에서는 모교이기도 하고, 제자들에게 마지막 순간 추억을 남겨주고 싶었다. 그런데 다른 교생의 관점에서는 자기 일도 바쁘고 학교 시험도 있는데 '왜 그것까지 우리가 준비해야 하느냐?'였다.

 더 이야기를 구체적으로 진행하지 않은 채 서로 간의 감정만 상하고 그 이후로 연락이 끊겼다. 물론 합창제 교생 참가는 없던 일이 되었다.

 이는 내가 부족해서 일어난 일이다. 그때 '음악선생님과 아무런 관련이 없으며 제자들에게 소중한 기억을 남겨주고 싶어서 제안했다.'라는 구체적인 해명이 있었다면 관계가 그렇게까지 악화되지는 않았을 것이다.

마찬가지로 함께하는 다른 교생들의 관점에서 조금 더 생각했더라면 지금은 다른 미래를 경험하고 있을지도 모른다.

나의 실패가 거울이 될 수 있었으면 좋겠다. 리더는 구성원들에게 자신의 견해를 충분히 알아들을 수 있도록 구체적으로 설명해 줘야 한다. 또한 나와 다른 것은 틀린 것이 아니라 다르다는 점을 인식하고 대할 수 있어야 한다.

네 번째는 회계의 투명함이다. 반장이나 전교 회장이 되면 학생들이 낸 회비 등으로 무언가를 구매하거나 계획할 일들이 생긴다. 그런데 이런 예산에 투명성을 확보하지 못하면 의혹이 발생한다. 그래서 어디서 얼마가 쓰였는지에 대해서 충분히 전해야 한다. 영수증 또한 확보해야 한다. 리더가 평소 신뢰를 많이 받고 있어서 학생들이 괜찮다고 하더라도 회계 관리는 철저해야 하고 투명해야 한다.

마지막으로는 책임감과 배려이다. 자신이 유권자에게 했던 약속에 대해 끝까지 최선을 다해야 한다. 또한 소외된 학생 아픈 학생들을 이끌고 갈 수 있어야 한다. 우리는 육체적으로 아픈 것은 쉽게 구분해 낸다. 하지만 학교생활을 하다 보면 정서적으로 아픈 학생들이 나타나기도 한다. 그럴 때는 친구의 마음을 헤아려 주며 함께 어울려 갈 수 있어야 한다. 어느 누구도 소외되지 않는 학교를 만들 때 모두가 행복해 질 수 있다.

좋은 리더가 되는 길은 충분히 더 많겠지만 내가 제시하는 것은 이 다섯 가지다.

선생님들께 신뢰받고 학생들에게 사랑받는 좋은 리더가 되길 바란다.

정작 소중한 것을 기억하라

선거는 누구에게나 잘 보여야 하는 과정의 연속이다. 그렇게 생활하다 보면 어느 순간 '나'보다 '남'을 먼저 생각하게 된다. 가까운 사람보다 먼 사람에게 맞춰줘야 할 때도 많다.

이 글을 마무리하며 하고 싶은 말은 자신을 먼저 사랑하라는 것이다. 그리고 정작 가까운 사람에게 소홀해서는 안된다는 점이다.

선거라는 과정이 당신에게 하나의 축제가 될 수 있었으면 좋겠다. 가족과도 친구들과도 잊지 못할 하나의 소중한 자산으로 남길 바란다.

당신은

이미

좋은 리더입니다

본 저서에 적용된 서체는 아래와 같습니다

대한민국독도체

부산체

청소년서체

네이버 : 나눔스퀘어

우아한 형제들 : 한나는 열한살, 도현체

티몬 : TMON체